リヒャルト・
ワーグナーとブッダ

「リング」から「パルシファル」へ、
憧れのブッダに学ぶ

錦織昭彦
Akihiko kinshoku

編集工房ノア

「リヒャルト・ワーグナーとブッダ」　目次

I

II

*

装幀　森本良成

I

「ロマン主義」について

ロマン主義と言う言葉の定義は非常に難しい。この言葉を聞いて心に描くものは、漠然としたもの、不鮮明で輪郭があいまいなものであり、規律、節度、正義に対する反抗であり、ともすると理性，信仰すら破壊する。

一般にこの言葉が用いられるようになったのは18世紀末から19世紀にかけて現れた全ヨーロッパ的な文学、思想運動についてである。

なかでも過去において宗教改革が盛んであったイギリスとドイツで起きた。

そしてドイツでは芸術、歴史、哲学などすべてがロマン主義化された。

ドイツは地中海沿岸諸国（イギリス、フランス、イタリア等）のそれらと完全に分離され進化する。これが一般に言われる「ドイツ・ロマン主義」である。

ドイツ・ロマン主義

ロマン主義精神の本質的な様相とみなされている非合理性、主体と客体との神秘的な融合、諸芸術を混合する傾向、遥かなるもの、未知なるもの、無限なるものに対する憧憬、これらすべてのものがドイツ・ロマン主義の特徴であり、これらの合体したものをラテン民族は絶対に理解できないだろう。つまり、いつどこで生まれ育つかが、人間の思想形成において決定的な意味を持つのだ。さてリヒァルト・ワーグナーの場合はどうだろうか？

ワーグナー（1871年撮影）

最大の特徴は「神」について多くのドイツ・ロマン派がそうであるように、自然の総体（世界）を神として崇拝する態度、汎神論として知られる。昔からドイツ人は汎神論を好んできたが、ロマン派ワーグナーは神を世界に没入させて自然の総体が神であるという。この自然崇拝は当然キリスト教と相反するものである。あらゆる人間は超越的なものを求める宗教的欲求がある。非合理性、主体と客体との神秘的な融合、諸芸術を混合する傾向、遥かなるもの、未知なるもの、無限なるものに対する憧憬、これらすべてのものが挿入されている作品、これが「パルシファル」である。

リヒャルト・ワーグナー Richard・Wagner
（1813／05／22～1883／02／13）

「リング」から「パルシファル」へ、憧れのブッダに学ぶ

わたしがリヒャルト・ワーグナーという人物、作品を、わたしなりに理解したいと思った動機は、彼の評伝、伝記物語において有名な世界の学者、研究者が書いている多くの著書等には限界があり、また、わかっていても負のもの、人間としての反社会的行為には余り触れていない。

例えば、彼の思想形成、オペラ作曲において最も重要な影響を与えた人物の一人マイアベーアについても、ワーグナーはご都合主義（物を頼むときは賞賛し下手に出る、それが不成功に終われば無茶苦茶非難する）また彼の生涯を通しての金銭的困窮の原因を彼らユダヤ人の資本主義社会のシステムだと非難する。あまつさえ、ワーグナーは彼への嫉妬心を詭弁を弄し正当化するため、より一層の反ユダヤ主義を展開、攻撃をした。

また、ワーグナーは作品を製作するにあたり、高次な事（古代ギリシャ人がどうだ、とか、ギリシャ悲劇がどうだ、とか）を一発目にブチあてる。そしてそれらがやがて時代の流れと共に没落、その没落の原因を自分流にいろいろ探し求め、それらの現状を救済するのが自分の楽劇だ、と強調する。

実は後世の我々にとって、あまりこの高次なものは作品の解釈上必要ではないと思う。確かにドレスデン時代ギリシャ神話（悲劇）及びゲルマン神話に没頭、研究したことはあったが、結局それらはアレゴリーとして使用するのみで「リング」はワーグナーが生きた時代（台本製作時）の現代劇へと変貌して行く。

むしろ、もう一つ大切なことは、アルツゥール・ショーペンハウアー（1788〜1860 Arthur Schopenhauer）を知ってからの所謂インド精神世界（バラモン教、原始仏教）の研究である。ワーグナーは若くしてインド精神世界の書物を多く読んでいた。そして仕上げがこのA・ショーペンハウアーの著書「意思と表象としての世界」である。「神々の黄昏」では最後ブリュンヒルデの自己犠牲で台本を三回書き直し、そして次作「パルシファル」にその思想「意思否定」を挿入したが、世界中のワーグナー学者、研究者の多くは臭い物（インド精神世界、異文化及び宗教）にはふたをせよ、ということで「パルシファル」は作者の意図通りに理解されていない。ここに大いなる問題がある。また学者、研究者たちはヴォータンという人物をどのようにワーグナーが描いたのか、どのように変貌してゆくのか？　Ａ・ショーペンハウアーの思想を勉強してからは自分（ワーグナー）が一番嫌いな人物像に仕上がってゆく。「リング」を語る上で一番肝心なところではないだろうか？　「リング」はそんな難しい物語ではない。真実のワーグナーを少しでも感じていただければと願う。

ワーグナーは、彼が生きた時代、産業革命によって世の中の仕組みが急変する。これに追随できず、かなり遅れた思想の人物であるにも拘わらず資本主義的なユダヤ人が悪いとか、また超利己主義な人間（利他を思わない）であるにも拘らず「パルシファル」で「共苦」を実しやかに語っている。

このことはワーグナーに限らず、自分の永い一生において、考え方（思想）が変わることはあるので当たり前のことであるかも知れない。事実、彼の反ユダヤ主義は生涯続いたものではないと思う。晩年の著書、宗教と芸術のための補足その２「汝自身を知れ」を執筆、この中でワーグナーは金銭的観念において自己批判、羨望、嫉妬等複雑な感情を持って、ドイツ人に警告を与えている。そして自分の生活環境がよい方へと激変した為、反ユダヤ主義は忘却されてゆく。

彼の「リング」作品で唯一褒められるシーンは「神々の黄昏」の冒頭、運命の女神ノルン三姉妹がこれからの運命を予測しおうとした時に、智慧の糸が切れ予測不可能になる場面である。未来は神でさえ予測がつかないことが愚かな人間が未来を予測できるはずがないと言っている。

シェークスピアの「マクベス」、物語の冒頭、魔女が三人登場する。そしてマクベスに対して未来を告知する。ワーグナーはこれらも当然参考にしたと思われるが智慧の糸が切れ予測不可能になるあたり、演劇上、流石と言わざるを得ない。

彼は現実的な人間であり、彼が生きていた時代、どろどろした生活が音楽作品製作上、特に重要なので、主著書等に見る高次な話は世間へのひがみ根性、羨望、嫉妬に対する衒学であると思う。ワーグナーの作品製作時の日々の心理状態を把握することによって楽劇「リング」が理解できるのである。従って、わたしの小文では、そこに仮説が含まれていることは言うまでもない。

仮説とは、既成概念を植え付けた学者、研究者を凌駕した説。その説が正しく評価される時が必ず来る。そして「ワーグナーは死んだ」と負の部分を読者に委ねるような書物、皮相的な優等生オプティミストの論文、これらを読んでもワーグナーを理解することは出来ない。わたしは、自身にそのことを念じながら書いている。又「リング」の音楽は素晴らしい。しかし、台本上構成においていろいろ問題がある。それらに対して提言もしている。

「リング」が出来上がるまでのあれこれ……

なぜ、テキストは「ジークフリートの死」から書き始めたのか？

１８４８年10月20日ワーグナー自身、できあがった此の膨大な対話体の散文稿「ジークフリートの死」を、エドアルト・デフリーント（１８０１〜１８７７ドレスデンの演出家、文筆家、劇場支配人）に朗読して聞かすと、彼は〝まだ濁りのない関係にあるジークフリートとブリュンヒルデを、彼らがいざこざを起こす以前を知っておく必要がある〟と主張した。彼の示唆によってワーグナーは「若きジークフリート」「ワルキューレ」「ラインの黄金」を次々書き上げたのだ。

作曲、台本の作成年を作品別に記す。

	「ラインの黄金」	「ワルキューレ」	「ジークフリート」	「神々の黄昏」	
台本	1852年	1852年	1851年	1848年	逆順
作曲	1854年	1856年	1871年	1874年	正順

エドアルト・デフリーントはヴィルフェルミーネ・シュレーダー・デフリーントの一時期、夫であった。

当時の月給はE・デフリーント3、000ターラ、シュレーダー・デフリーント4、000ターラ、第一指揮者ライシガー2、000ターラ、第二指揮者ワーグナー1、500ターラであった。

ヒューストン・S・チェンバレン（1855／09／09～1927／01／09ワーグナーの次女エーファの婿でイギリス人から帰化、文筆家）は逆順を次のように言っている。

初稿（1848年）は詩的業績として極めて注目すべきものを持つ。彼は、当時の劇場よりみて、この壮大な神話の連関を暗示しつゝその悲劇的破局を如何にして演出可能ならしむべきかに腐心した。彼は、「ジークフリートの死」を以てその破局となすことにより、従来のニーベルンゲン諸作に見らるるジークフリートとブリュンヒルデの関係の曖昧さは払拭し得た。

然し乍ら、この両者の巨大な価値をはじめて明らかにすべきところの、かの偉大な連関、即ち万物を包括する世界支配をめぐる闘争の描出が鮮明さを欠いた。この致命的欠落を救うべく、巨匠は第二劇として、「若きジークフリート」を書き上げたが、尚その意を達しえず、遂にこの巍然たる建築の最後の留石として序幕「ラインの黄金」が完成された。

この際、看過すべからざるは、巨匠は決して所謂「逆行制作過程」を辿れるものに非ずして、アルベリヒの黄金掠奪よりジークフリート並にブリュンヒルデの死に至るまでの完全な草案が当初より描かれて居たことである。ただ、この三部作の詳細な劇詞の特異な発生史は、当時のオペラ劇場に対する顧慮に制約された結果であり、その後巨匠が自己の作品の雄大さに拉し去られ、この顧慮を一擲するに及び、本来の創案に立帰るを得たのである。

と言っている。(「リーヒャルト・ヴーグナー」H・S・チェーンバレン著　石川錬次訳　二見書房1944)

チェンバレンが言っている「ワーグナーは最初から完全な草案が描かれていた」と言うのであれば、なぜ、「ジークフリートの死」から描いたのかワーグナー本人の説明があったと思われるが。……確かに当時、劇場問題はあったが台本作成順序とは別問題と思う。

何れにせよ「ジークフリートの死」は単品であり、後に「若きジークフリート」「ワルキューレ」「ラインの黄金」と台本を進めていく上で「ジークフリートの死」とそれらと接続、関連性を持たさねばならない。単品「ジークフリートの死」をそのまま生かすと4部作の一貫性に齟齬をきたす。ここで一番大切なことはヴォータンの性格が遡上して行くにつれ、どんどん人間ヴォータンへと変貌、あらゆる物質欲が消滅してゆくのである。そしてブリュンヒルデとの親娘の関係もプッツン切れてしまう。具体的にどのような台本になったのか?

そこでブリュンヒルデの自己犠牲の書き換えを余儀なくされた。

48年稿「ジークフリートの死」では……〝ただ一人が支配なさるのです。万有の父! 輝かしいあなたが!〟憩え! 憩え! 神であるあなたは!

と、ヴォータンを褒めちぎっていて、関連性がなくなる。

49年稿「神々の黄昏」では……〝あの人間の、あなたたちが創ったあの英雄の偉業の喜びに浸って、衰え行け! わたしはあなたたちの不安と怖れのうちにあなたたちの幸いなる死の救いを予告する!〟

と、ブリュンヒルデがヴォータンを弾劾する。

この書き換えによって「ワルキューレ」２幕２場ヴォータンの長が〜い独白、「ジークフリート」３幕１場ヴォータンとエルダの会話、「神々のたそがれ」終幕のブリュンヒルデの自己犠牲これらと辻褄が合って関連性ができてくるのである。ワーグナー流「生への意思否定」悲劇的諦念が出来上がる。「リング」の４つの物語の重要な関連性である。

そしてなぜ「神々の黄昏」に題名が変わったか？　と言うことも理解できるのである。

「ジークフリートの死」台本製作が完了したのが１８４８年10月である。それからドレスデン革命で聖母教会の塔に登ったのが１８４９年５月である。この間、エドアルト・デフリーントからの示唆（ヒント）を与えられ、加筆、書き直し等ワーグナーの頭の中は半分「リング」製作と借金地獄。半分「革命」へと極限にあったと推察できる。このような状況下で革命は失敗に終わり、国事犯（死刑囚）として追われる身となる。


逃亡……

ドレスデン→ケムニッツ（義兄、三女クラーラの夫ヴォルフラムによってかくまわれる）→アルテンブルグ（リストが住むワイマール郊外）へ、妻ミンナを呼ぶ。しかしミンナは宮廷指揮者の職を放棄してまで革命に参加したことで激怒している。そして無策なワーグナーに対し、ミンナはすぐ帰る。

そこで、フランツ・リスト（Franz・Liszt 1811〜1886ハンガリー生まれ、ピアノ奏者、作曲家、指揮者、'48年ワイマール宮廷劇場指揮者に就任、ワーグナーと「未来の音楽」で意見が一致、親交を結ぶ）は亡命先にパリ行きを提案するが、ワーグナーはもう一度ミンナに会って自分の心情をわかってほしい一念で再度手紙を書く。

ミンナはまた来るが又しても折り合い付かずミンナは帰る。ミンナはワーグナーを、他人の甘言に乗せられて妻をひどい状況に陥れた無思慮な人間としか見なかった。ワーグナーはイエーナまでミンナを送る。

しかし、ここイエーナにはワーグナーの支援者ヴィートマン教授がいて、自分の旅券をワーグナーに渡す、という奇跡が起こる。お陰でスイス・チューリヒへ逃亡できた。

逃走経路はルドルシュタット↓ザールフェルト↓コーブルグ↓リヒテンフェルス↓ニュルンベルグ↓リンダウから汽船で↓ロールシャハ（スイス側）↓チューリヒに。1849年5月29日夜、アレキサンダー・ミュラー（ビュルツブルグ時代からの友人）の家へ転がり込む。

そして、ミュラーは彼の知人で、スイス政府の州書記官ヤーコブ・ズルーツァーに引き合わす。そしてまた奇跡がおこる。ワーグナーはパリでの成功を夢見てパリ行きを熱望。それに答えるべくパリ行き'49年6月、'50年2月の二回、パスポートを世話するのだ。ズルーツアーは後にヴェーセンドンク家とワーグナーとの金銭上のパイプ役をする人である。

この逃亡中の極限までの苦しみ、絶望が、またパリでの挫折等が、1850年8月に書かれた「音楽におけるユダヤ性」に発展し爆発した。と言っても過言ではない。

つまり、人間社会の不条理を痛感する。そして、それが「リング」台本を描出する際、神話から人間社会の不条理へと変化してゆく。また反ユダヤ的思想が完成する。世の中、産業革命が進み、機械化によりユダヤ人資本家は、多くの製品を製造販売し利潤を得る強欲な権力者とワーグナーには映った。

そしてヴォータンを神話のヴォータンでなく、人間ヴォータンとして諸悪を貪る強欲な資本主義社会の長へと変貌してゆく。つまり自分が一番嫌悪している人物である。神話を通してアレゴリーとして描き出しているのだ。

また、現実社会において、ワーグナーは社会主義的な、専制君主政治を求めた。一般的にはマルクス主義が萌芽してくる隙が出来た。貧富の差がはげしくなり、一般人のうちでも貧しき人々はマルクス主義へとなびいてゆく。

結局二つの革命……ドレスデン革命、産業革命によってワーグナーの気持ちがごろっと変わった。革命での失敗、逃亡、またマイアベーアへの文章による攻撃への呵責等によって、体調が悪く精神的な疾患に日々悩んでいた。

そんな中で１８５１年６月「ジークフリート」52年６月「ワルキューレ」「ラインの黄金」と次々に台本を書き終える。

１８５２年12月18日マリーアフェルトに住むフランソワ・ヴィレ、エリーザ・ヴィレ夫妻（スイス時代の友人、著述家）の家で「ワルキューレ」「ラインの黄金」の朗読会をする。そして１８５３年２月ホテル・ボウル・オー・ラックで全作品の朗読会をしたことは有名な話である。

逃亡先のチューリヒでなぜ「リング」台本が完成できたのか？

チューリヒではザクセン、プロイセン等国事犯として手配中にもかかわらず、また精神的疾患を患いながら比較的平和な落ち着いた生活であった。ミンナを呼び寄せ住居も持つことができた。これらの落ち着いた生活ができた事情は、

1、ユーリエ・リッターが資金を惜しみなく提供して呉れた。カール・リッターの母親でエストニア出身。ドレスデン在住、ドレスデン時代からの知り合いで、バイロイト初演を見ずして1869年死亡した。

2、'50年8月20日「ローエングリーン」がワイマールで初演され、大成功する。今まで活躍の場所はドレスデンだけであったがワイマールでの成功によりワーグナーの名声が一機にドイツ国内全土へと広がった。

3、チューリヒの音楽協会がワーグナーを支援、「リング」公演を当地で実行する、とまで明言させた。

4、ツエルトヴェーク182番地に住居を構えミンナと水入らずの生活をする。しかしなんと言ってもユーリエ・リッターの資金援助があればこそ。それとミンナとの共同生活、これらにより一旦「リング」から離れていた気持ちが一気に盛り返ってくる。

「リング」台本が完成したことも、やはり奇跡としか言えないと思う。

「リング」は神話をアレゴリーとして、自分が生きた19世紀社会（旧体制＝エスタブリッシュメント）を糾弾している現代劇である。そこにはワーグナー独特の思想、宗教、人種論が展開される。

ワーグナーはヴォータンを神々の長としてでなく、極めて人間的に描いている。そして、その人間は金欲、権力、支配欲に執着。その人間はワーグナーが生きていた時代に現実的に強欲な権力者として再現される。つまり資本主義社会のユダヤ人成功者としてである。ワーグナーは彼らユダヤ人成功者に対して屈辱的に、また羨望、嫉妬等複雑な感情を持ちながら、当時の反ユダヤのドイツ人たちと共に徹底的に批判し、彼らの没落、終末を願うのである。「神々の黄昏」終幕が物語っている。

「ワルキューレ」2幕2場ヴォータンの苦悩……長〜い語りを見よ。

……〝傲慢な栄華よ！　誇らかなる屈辱の、神々しき華麗さよ！　去りたければされ！　わが建てたものよ、潰えよ！　わしは我が作品を放棄する。ただ一つだけほしいものは終末だ！　終末だ！……ワーグナーはヴォータンをユダヤの権力者と見ていた証拠がここにある。

しかしわたしが思うには「ワルキューレ」二幕二場ヴォータンの長い語り〈欲望の放棄〉は早すぎる。

つまり、「ラインの黄金」から始まって、ヴォータンはエルダに黄金をすてよ！と警告を与えられ胸に刺さり放棄し、神々は新築された宮殿「ワルハラ」へ希望を胸に入場する。そして、つぎの「ワルキューレ」の二幕二場で、もうヴォータンは神々の長として終末を口にし、ワルハラ宮殿まで放棄するという。早すぎておかしな話である。

わたしのアイデアはこの第二幕のヴォータンの語りを「ジークフリート」第一幕のヴォータンとエルダとの会話の中に持ってくる。そしてエルダがヴォータンへあらゆる欲望への執着によって引き起こされた因縁を暴露する。例えジークフリートという英雄を生んだとしても。つまりエルダの言葉の重要性……これによって「神々の黄昏」終幕、書き直しの〝ブリュンヒルデの自己犠牲〟が生きてくる。最高の「リング」が出来上がると思う。

「神々の黄昏」の幕切れブリュンヒルデの自己犠牲ついて

「リング」に出てくるブリュンヒルデはワーグナーが創出した女性の中でクンドリーと共に最も異質な女性であると思われる。

つまりゼンタ、エリザヴェート、イゾルデのように男のために自己犠牲するのではない。「神々の黄昏」の幕切れで歌う「自己犠牲」はワーグナーにとって非常に重要なテキストであり叡智をふるった。

ワーグナーは「神々の黄昏」の最終場面、ブリュンヒルデの自己犠牲のテキストを３回書き直している。これは既述の関連性ではなく、自己流の『生への意思否定』悲劇的諦念へと思想が変化してゆく、その表れである。

１８５２年フォイエルバッハ唯物論的（人生肯定的）、１８５６年Ａ・ショーペンハウアー観念論的（意思否定的）、そして完成間際の１８７３年〈愛の力〉現在の決定稿である。完成まで長きに亘った為ワーグナー自身、日常生活の変化、思想の時代的な変化によるものである。けだし、１８４８年「ジークフリートの死」を書いたときはルードヴィヒ・フォイエルバッハ（Ludwig Feuerbach １８０４〜１８７２ドイツの哲学者）も、Ａ・ショーペンハウアーも知らなかったのである。

１８５６年版はＡ・ショーペンハウアーをも含めたインド精神世界の思想が色濃く描かれている。

〝わたしはもうヴァルハラの祭りには決して行かない。

知っているでしょうか、わたしがどこへ行くか？

欲望の国からわたしは遠ざかる。迷いの国を永久に逃れましょう。

永遠の変転の開いた扉をわたしは、わたしの後ろで閉めましょう。欲望も迷いもない、この上なく神聖な選ばれた国へ、世界の流転がたどり着くべきところへ、輪廻転生から解放されて、今や知者として行きましょう……〟

しかしこのテキストは、コジマの一言「多少わざとらしくひびく」と言ってワーグナーに全部省くよう頼み、ワーグナーは〝何事もコーゼル（コジマの愛称）のおぼしめし通りに致します〟と言って不採用になった。

結局最終稿はブリュンヒルデの自己犠牲により現世は浄化され、「愛」「慈悲」の力によって新世界が再生される。ブリュンヒルデの自己犠牲とは、このような解脱によって得たる〈愛の力〉であり、高みへ、高みへと昇華させてゆく。そして愛の力による新しい世界が誕生する。悟り……死……ニルヴァーナ＝涅槃へブリュンヒルデは辿りつく。

ジークフリートの死もまた自己犠牲である。ブリュンヒルデは言う。神々は権欲、支配欲、物質欲（金欲）とあらゆる欲望を満たすため罪を犯した。その罪を一身に引き受け死ななければ、この悪社会は終焉せず、純粋な愛による新世界を迎えることができない。ジークフリートは英雄として清く死んでゆくが、ここで彼はブリュンヒルデへの愛を思い出す。

ブリュンヒルデはジークフリートを最も高貴なる英雄とたたえる。彼と運命を共にするのは最高の名誉であると言う。それ故自己犠牲することによって、この英雄と運命を共にする。

そもそもの原因は神々、なかんずくヴォータンのせいであると言い、ジークフリートの名誉を回復する。

薪を焚き、炎で天上のワルハラまで焼き尽くしてしまう。つまり、ジークフリートとブリュンヒルデ、愛馬グラーネは火葬されたのである。

ワーグナーは釈迦が火葬された時の状況を一部始終記した仏教経本「涅槃経」か「ブッダ最後の旅」を読んでいて、この火葬を思いついたのではないか？　この儀式は西洋の発想では考えられない。

しかしながら一方、キリスト教では「火」は罪を焼き、新生を実現する働きを象徴する。また、火は燃やすものの姿を変える、すなわち存在の次元の変化を実現する。火は、根源的な赦しの顕われ、慈悲の顕現で有るとも言える。……

そこに罪がはびこり、神はそれを焼き払う。しかし、それは単なる断罪の行為ではなく、むしろ、変容の働きであり、新生の促しで有り、救済の始まりである。（「イエス伝」若松

英輔著　中央公論新書２０１５年）

ワーグナーは土葬（棺葬）で、ヴァーンフリート荘の墓に収まっている。

しかしコジマは火葬である。１９３０年4月1日コジマの遺体は月桂樹の下、巨匠の友人Ｐ・Ｖ・ジューコフスキーが描いた、巨匠と彼女が最も愛した絵である「聖家族」の前に安置された。「聖家族」とはダニエラを聖母に、ブランディーネ、イゾルデ、エーファたちを、音楽を奏する天使たちに、そしてジークフリートを生まれたばかりのイエスとして描いている。近親者による教会での葬儀の後、棺は祝祭劇場の周りを一周し、火葬のためにコーブルグへ運ばれた。……最後にコジマの骨壺は、彼女の古い友人Ｃ・エバースベルガーの手でワーグナーの墓の頭部に収められた。

息子ジークフリートは１９３０年7月18日「神々の黄昏」の練習中、舞台で倒れ死亡。心筋梗塞であった。その後バイロイト市民墓地へ、土葬されている。

この年の音楽祭は１９３０年7月22日トスカニーニ指揮の「タンホイザー」によって幕を開けた。

なぜ、コジマは火葬で、と遺言したのか？

既述の通り、「神々の黄昏」最終場面、ブリュンヒルデの自己犠牲のテキストに深くかかわったコジマである。コジマにとって、ブリュンヒルデは最高の女性であった。そして仏教的火葬の観念、あるいは又、キリスト教の火に対する観念は充分理解していたはずである。彼女の現実の問題として、夫ハンス・フォン・ビューロを捨て、ワーグナーに走った自分の犯した罪。生涯払拭のできないトラウマ（Trauma）。この罪への贖いを火葬という形で過去を焼き払い、救済から新生へと変容することを願ったのではないだろうか？

なぜ、「ジークフリート」第二幕途中で作曲を中断したのか？

１８５７年６月プライトコップフ・ウント・ヘルテル社との「リング」出版に関する交渉が決裂し「ジークフリート」第２幕途中で作曲中断を余儀なくされる。

「若きジークフリートを森の美しい静けさのなかまで送って行って、そこで心からの涙と共に彼に別れを告げた。」とワーグナー。

ヘルテル社との決裂で当座の金も枯渇し途方に暮れていた時である。……「トリスタンとイゾルデ」なるもので鬱を散づるつもりです。また全く実用的な作品になり、まもなく立派に収入をもたらすだろう。とワーグナーは言っている。（「ワーグナー」C・フォン・ヴエステルンハーゲン著　三光長治、高辻知義訳、白水社１９９９）

そして１８５７年「トリスタンとイゾルデ」１８６７年「マイスタージンガー」とが作曲された。

ヘルテス社が断った（１８５７年6月）理由の背景には、まだワーグナーは指名手配中であり、国事犯との関わり合いを避けていたし、ドイツの各劇場も同じ理由で慎重になっていた。「リング」より先１８５４年「ローエングリーン」ライプチヒ公演についても断られている。また、この社の顧問オットー・ヤーンはモーツアルトの愛好家であった。

「ニーベルングの指環」

作曲　リヒャルト・ワーグナー
初演　1876年8月13日バイロイト祝祭劇場
指揮　ハンス・リヒター（Hans Richter 1843〜1916）

オーストリア（現ハンガリー）生まれ、ウイーン音楽院でピアノと作曲を学ぶ、1866年秋から翌年にかけてトリープシェンで「マイスタージンガー」の総譜の写譜を行う。その後ハンガリー、ウイーンの楽長として歴任、第一回バイロイト祝祭劇場での「リング」全曲を指揮する。ワーグナー没後もコジマの片腕と成り1912年まで「リング」「マイスタージンガー」の指揮をした。

「ニーベルングの指環」の物語は北欧神話と、後に、その主神「オーディン」の血を引く英雄「シグルス」が霊剣グラムを振るって数々の武功をあげる大英雄叙事詩「ヴォルスンガ・サガ」、ドイツでは、それが英雄「ジークフリート」として登場する大英雄叙事詩「ニーベルンゲンの歌」になる。

これら二つ「北欧神話」と「ニーベルンゲンの歌」を巧みに絡ませ独自な創意のもと自由に脚色、制作されたのである。それが「ジークフリートの死」であり、後に「神々のたそがれ」に改題されている。

北欧神話とは……ここで簡単におさらいをしておこう。北ヨーロッパ、および東ヨーロッパに住んでいたゲルマン民族の神話のことである。

もっとも古代ゲルマン人が生活を営んでいたのは、北ヨーロッパすなわち北欧に留まらない広大な範囲であった。（現在のフィンランド以外）この北欧神話を今に伝える原典ともいうべき資料が「エッダ」である。

ワーグナーはなぜ神話（北欧神話）を題材に求めたのか？

このことはワーグナー自ら「友人たちへの伝言」（1851年チューリヒ）の中で証言しているが非常に回りくどく長文なのである。要約すると「この当時二つの題材がわたしの詩的想像力を占領していた。それはジークフリート（神話）と赤ひげフリードリヒ（歴史、伝説）であった。……久しい以前からわたしはジークフリートという素晴らしい人物像に心惹かれていたが、それがわたしを初めて完全に魅了したのは、後世が纏わせたあらゆる衣装から彼を解放し、純粋に人間的な形姿として眼前にすることに成功したときである」

「……また、わたしを抗いようもなく原初の故郷に由来する伝説の源泉に引き寄せるものの探求に熱中しているうちに、わたしは徐々に古代の深みへとはまり込んでいき、そしてまさに古代の最盛期において、ついに若々しく美しい人間がその溌剌とした力を豊かに漲らせているのに出会って狂喜したのであった。

こうして研究を進めていくうちに、わたしは中世の文学を通り抜け、ドイツの根源をなす太古の神話の根底に到達した。後世の文学が神話を覆って歪めてきた衣装を一枚一枚剥ぎ取ると、ついに神話が純粋無垢な美しさで姿を現したのである。

わたしがそこに看取したのは、歴史の型にはめられて、真の姿よりも衣装に関心を向けさせるような人物像ではなく、真実に即した赤裸々な人間の姿であった。わたしはその姿に、たぎる血潮と力強い筋肉が自由奔放に躍動する様を余すところなく感知できた。それが真の人間にほかならなかったのである。」と理由を語っている。

トーマス・マンはこのワーグナーの自著「わが友人たちへの伝言」の中の前項を読んで次のように言っている。

神話はワーグナーにとって、依然として詩的、創造的な民衆の言葉である。だから彼は神話を愛し、神話に芸術家として全生命を捧げる。神話、それは彼にとっては簡潔、反教養、崇高、清澄、つまり彼にとって〈純粋に人間的な〉ものと名づけられると同時に、唯一の音楽的なもののことである。神話と音楽、それがドラマである。……純粋に人間的なものだけが彼には芸術となりうるのだ。……「リエンチ」を作曲した頃のワーグナーであれば「赤ひげ」を作曲していただろう。絶えず新たなことを目論見、決して満足を知らぬ精神を終生持ち続けた。

パトリス・シェロー（1976年バイロイト100年祭の演出家）はこのように言っている。

……演出においてもワーグナーの上演指示とは全くかけ離れたものであり、ワーグナーの舞台の表面的な多様性に驚いて尻ごみする必要はない。……その舞台とは、古代劇であり、同時に市民劇であって、……下世話な形と崇高な形で神話を解釈する可能性を開いてくれるものなのだ。ワーグナーが演劇を「音楽の視覚化された行動」と定義した時の考え方が、われわれの仕事の基準になる。

この物語を約言すれば……世界支配の権力の象徴である黄金の指環を巡って、地下の小人族ニーベルンゲンと天界の神々とが相争う長期の権力闘争過程を描き、最後に両者滅亡による旧世界一切の没落のうちに世界不正の根源と運命を追究し、併せて新世界の黎明をも示唆している作品である。

と、同時に産業革命、ドレスデン革命によって世の中の仕組みが急変する。ドレスデン革命軍に参加、失敗。国事犯（死刑囚）として逃亡中の極限までの苦しみ、ユダヤ人資本家の台頭等人間社会の不条理を痛感する。そしてこの理想的な神話をアレゴリーとして現実に自分が生きた19世紀社会を糾弾するのである。そして主役がジークフリートからヴォータンへと変貌する。

作品のあらすじ

「ラインの黄金」

ヴォータンと妻フリッカは既に不仲である。

ヴォータンは金欲、権力、支配欲に執着。（＊1ヴォータンの飽くなき強欲）

フリッカはワルハラ築城のカタとして巨人族に妹フライアを渡すことに猛反対である。それ故、ヴォータンは代わりのカタを考え、ローゲの妙案に飛びつく。この妙案は、アルベリヒが愛を断念し、ラインの乙女から略奪した金塊を指環、隠れ頭巾、財宝に加工し持っているとの事であった。それを掠奪する為、地下の小人族の世界へと降りて行き、アルベリヒから強奪する。激怒したアルベリヒが〝この指環を所有する者に死を与える〟と呪いをかける。呪いがかかった黄金とは知らず巨人族はフライアよりも黄金のほうを要求するが、ヴォータンは拒否する。丁度その時、智の神エルダが現れ、ヴォータンに危機が迫っている〝指環を捨てよ〟と警告する。しぶしぶ乍らエルダの戒めにヴォータンは従う。黄金を手にした巨人族の兄弟は分配量の多寡で喧嘩となりファーゾルト（兄）が殺される。

これを見たヴォータンは、エルダの戒めに驚く。新築なったワルハラ城へ神々は希望を胸に入場する。しかしローゲは神々の終焉を予告。「剣」のモチーフが奏され「ワルキューレ」へと物語は進む。

「ワルキューレ」

「ワルキューレ」では剣が主要なモチーフで男性性器の象徴。

ジークムントは敵から逃れ、とある家へ。そこにはジークリンデ（妹でフンディングの嫁）が住んでいた。そしてジークリンデと愛し合うようになる。妹との近親相姦により英雄ジークフリート誕生を予知する。（＊2ウエルズングの登場）そして又トネリコの大樹に刺さっている霊剣ノートンを父親ヴォータンからジークムントが受け継ぐ。

一方ヴォータンとフリッカはお互いの立場でこの近親相姦についてまた大喧嘩。正論で押しまくるフリッカの勝利となるが、ヴォータンは心中穏やかでない。夫婦愛が崩壊する。そして神々一族が崩壊へと向かう。第二幕二場でヴォータンは今までの苦悩をブリュンヒルデに告白する。今までの事を回想し、新しい考えを吐露する。それによると、巨人族の弟ファーフナーは隠れ頭巾を使用して大蛇に変身、黄金を守っている。黄金を取り返したいが、契約によって支払ったものである。それを反故（ほご）にするわけにはゆかぬ。よって、神に頼らず恩寵をも受けない自由な英雄が必要だ！　というものだった。ジークムントとジークリンデの運命は？

ヴォータンの分身で愛娘ブリュンヒルデ（ワルキューレの頭、人物関係図参考）はヴォータンの心中が良く判る。ブリュンヒルデはヴォータンが心中思っているようにジークムントとジークリンデを逃す計らいをする。しかしフリッカは二人の不倫を許すことはできない。止むを得ずヴォータンは命令を変更する。ジークムントへの死の告知である。しかし、ブリュンヒルデはこの二人から、ここで「真の人間の愛」を教えてもらうことにより、父ヴォータンの命令に背く。死の告知によりジークムントは死ぬが、粉々になった霊剣ノートンを拾い集め、それを持たせて懐妊したジークリンデを逃す。そしてヴォータンの逆鱗にふれる。ブリュンヒルデは神格をはく奪され、ヴォータンから眼に接吻を受け、岩山にて炎の輪の中へ人間として閉じ込め眠らされる。（＊3ヴォータンの逆鱗にふれる。物の対立、矛盾の克服、弁証法での解決）

「ジークフリート」（＊4英雄の誕生）

その後、懐妊したジークリンデは深い森に住むミーメに救助され、ジークフリートを生み、亡くなる。ジークフリートはミーメによって育てられ成年に。そしてジークフリートはミーメから粉々になった霊剣ノートンを知らされ、それを鍛造、仕立て直す。これによって大蛇に変身しているファフナーを殺し、指輪と隠れ頭巾を奪取し、恐れを知らない英雄として育つ。（この時すでにジークフリートの死をライトモチーフにより予告される。）このファフナーとの戦いで、ジークフリートはかえり血を浴び、血を口にすると不思議にも小鳥のさえずりが理解できるようになる。（実は小鳥＝ジークフリートの母ジークリンデである。）

小鳥の導きによりジークフリートはブリュンヒルデが眠る岩山へ。途中、さすらい人（ヴォータン）に遭う。大神ヴォータンはジークフリートに権力の象徴、槍を木端微塵に折られる。ヴォータンは神々の長としての権力をなくす。そして智の神エルダ（人物関係図参考）はヴォータンがあらゆる欲望への執着によって引き起こされた因縁を暴露する。ここで完全に旧体制（神々の）が永久に崩壊。やがて、ジークフリートはブリュンヒルデを見出し長い接吻をする。この行為により彼女は永い眠りから目が覚める。ジークフリートはその接吻により性に目覚め、初めて恐れを知る。ブリュンヒルデとジークフリートは性愛により結ばれる。（＊5キリスト教からの脱却、そしてL・フォイエルバッハからA・ショーペンハウアーへと思想が変貌する）ワーグナーはブリュンヒルデの目覚めの場面の音楽は「厳かな宗教的儀式」であると言った。この音楽は未完の仏教的楽劇「勝利者たち」に使うために作曲された音楽である。（「パルシファル」キッスという所作の項目参照）

「神々の黄昏」

運命の女神ノルン三姉妹が過去の回想、そしてこれから未来の運命は？　しかしノルン達の智慧の糸が切れて未来が予測不能になる。三人は智の神エルダのもとへ。

ブリュンヒルデと英雄ジークフリートとの新世界。愛を誓い合う。そして、ジークフリートは新世界へと躍動するため旅に出る。やがてジークフリートはギービヒ家の館へ。そこには家長のグンターと妹グートルーネ、異父兄弟ハーゲン（アルベリヒの息子）が住んでいる。三人はグンター、グートルーネの結婚相手の話をしている。そこへ、ようこそジークフリート！　ハーゲンは歓待し、酒を酌み交わす。奸計とは知らずジークフリートは魔酒（惚れ薬、記憶喪失）を飲まされ過去を喪失。これにより美女グートルーネに求婚、おまけに、グンターをブリュンヒルデと結婚さすことをも約す。グンターとジークフリートは義兄弟の誓いをする。そして二人は急いでブリュンヒルデのいる岩山へと行く。彼女は引きたてられてギービヒ家へ。ブリュンヒルデはジークフリートが魔酒を飲まされての行為とは知らない。Betrug! Betrug!（だまされた！　だまされた！）と叫ぶ。また、ジークフリートの指にはめられた指輪を見て驚く。痛罵、復讐を誓う。（＊6ジークフリートの二面性）

彼女はハーゲンにジークフリートのウイークポイントを教える。ハーゲンは微睡の中で父アルベリヒから指環を奪回せよとの命を受ける。そして男たちは狩りへ。途中ジークフリートはライン川畔で三人の妖精に会う。彼女達から〝今日にも殺される、指輪をはなせ〟と警告されるが、霊剣ノートンを信じ、また〝命などさっさと捨てる人間です〟と指環を離さない。ジークフリートとハーゲンは狩りのあいまに酒を酌み交わす。ハーゲン、今度は記憶回復の魔酒をジークフリートに飲まして生い立ちの話を聞く。はなしの途中で記憶が回復。ヴォータンに仕えるカラス二羽がジークフリートに警告、ふっとカラスの方を向きハーゲンに背中を見せる。時すでに遅そし。その背中へハーゲンの槍がグサリ。ジークフリートはハーゲンに殺される。臨終のジークフリート、ブリュンヒルデとの出会いの想い出、愛を讃える。ブリュンヒルデはハーゲンの奸計であったことを知る。（＊7ジークフリートの死、葬送行進曲）

そしてブリュンヒルデの自己犠牲（＊8ブリュンヒルデの自己犠牲）により終幕となるが、最後の最後にジークリンデの愛のモチーフが流れる。

ブリュンヒルデがジークリンデとジークムントの愛によって、人間の真の愛を教えてもらう「ワルキューーレ」2幕5場の場面がブリュンヒルデの頭をよぎった。完。

注釈

＊1ヴォータンの飽くなき強欲

ワーグナー著作集5「宗教と芸術」のなかの〝汝自身を知れ〟（1881年1月著）「宗

教と芸術」のための補足その2で、ワーグナーは極めて端的に言っているので、その項を抜粋引用するP301〜302より。

金銭と万能の文化力を発揮するその価値の発明については、これまでにいろいろと気の利いたことや秀抜なことが考えられたり、言われたり、書かれたりしてきたが、こうした金銭の礼讃に対して古来伝説や文学の中で描かれてきた金銭に付きまとう呪いのことも念頭に置かれてもよいだろう。そこでは、黄金が人類の無垢な心を絞め殺すデーモンとして描かれているが、我々の最も偉大な詩人は最終的には紙幣の発明を悪魔の業とみなしたのである。すべての禍根となるニーベルングの指輪は一種の有価証券のようなもので、妖怪じみた世界支配者の不気味なイメージを仕上げたものと言ってよい。事実、金銭支配は絶え間なく進歩する文明の担い手によって、精神的な、それどころか道徳的な力とみなされている。彼らに言わせれば、「信用」、言い換えれば詐欺や損失にたいして、この上なく周到に考え抜かれた保証を行うことによって維持されている人間相互間の誠意というフィクションが、失われた信仰の埋め合わせをしているのである。そうした恩恵のもとでどんなことが起こっているかを私たちは現に見聞しているのだが、そのことについてユダヤ人にだけ責任を押し付けようとする傾向がみられる。確かにユダヤ人は、私たちが能なしである分野において達人である。もっとも無から金銭を生み出す技を発明したのは私たちの文明である。……

ワーグナーは金銭的観念においてはこのように自己批判、羨望、嫉妬等複雑な感情を持ってドイツ人に警告を与えているが、実は「リング」完成と共にユダヤ人をあらゆる方面から検証してきた己に言い聞かせているのであろう。ヴォータンはワーグナーが一番嫌いな人物像に仕上がってゆく。

＊2ウェルズングの登場……近親相姦

「ワルキューレ」は神世界と人間世界を描いている。なぜフンディングの家（ジークリンデの家と言った方が判りよい）にトネリコの大樹、世界の中心樹があるのか？　この場所はジークリンデとジークムントによる運命的な出合の場所である。

「ワルキューレ」は、人間世界（ウェルズング）が主な物語であり、特にジークリンデは英雄ジークフリートを生む大役があり中心になる。

そのトネリコの大樹には霊剣ノートン（「ワルキューレ」ではヴォータンの意思が働くが、「ジークフリート」では鍛造、仕立て直し、真のジークフリートの霊剣となる）が刺さっている。その家には正当なウェルズングのジークリンデが住んでいる。そこへジークムントが来る。たちまち二人は兄妹であることを認識するが激しく愛し合う。そしてジークリンデは英雄ジークフリートを身ごもる。霊剣ノートンはジークムントの手に。

＊3ヴォータンの逆鱗にふれる。物の対立、矛盾の克服弁証法での解決

ブリュンヒルデはワルキューレたちの中で唯一ヴォータンの分身である。ブリュンヒルデは〝私自身あなたの意思ではありませんか？〟〝この人を愛せよと、父上はいつもおっしゃいました。気高い勇気を持ち、父上にも大切なこの人。その人を葬れとは？　矛盾していて私は納得できません。〟また、〝私の犯した罪はこんなに恥じるべきものだったのですか？　私は父上の為にしたのです。〟この矛盾！　しかしヴォータンの逆鱗は収まらずブリュンヒルデは神格をはく奪され、炎の輪の中へ眠らされる。ブリュンヒルデはこの兄妹から〈人間の愛の力〉を学ぶ。そして父ヴォータンとはブリュンヒルデからここで、親娘の愛はプッツン切ることになる。

＊4英雄ジークフリート誕生

人間が生きてゆく段階において、法的なあらゆる倫理に束縛される。しかし神話には、それがなく真の人間を描出する。

たぎる血潮、力強い筋肉が自由奔放に躍動する。正に英雄ジークフリートである。ノートンを再生、ファフナーを退治。恐れを知らない英雄燃え盛る炎を飛び越えてブリュンヒルデを救出。ヴォータンの権力の象徴、槍を木端微塵に。……等々

＊5キリスト教からの脱却、そしてL・フォイエルバッハからA・ショーペンハウアーへ

ブリュンヒルデとジークフリートは性愛により結ばれる。

フォイエルバッハは、男と女が結ばれて、はじめて真に現実的な人間を形成すると論じる。また愛の存在しないところには真理は存在しない。

愛について語る場合、キリスト教や従来の思弁哲学は「性差」の本質に踏み込むことはまれで、とりわけ〔性愛〕をタブー視する傾向が強かった。ところがフォイエルバッハは〔性愛は奇跡を生む〕と述べる。性愛によってこそ人間は、抽象概念としてでなく「感情の心理」として「類的存在」である自己を知るのである。フォイエルバッハの忠実なる弟子であるワーグナーは「思考された愛」と「全知全能の神への愛」を真に現実的な愛から抽象された超感性的産物とみなし「永遠の愛」といった表象、ヘーゲル論がいかに非現実

的な形而上学的欺瞞であるかを告発している。しかし1854年9月A・ショーペンハウアーの著書「意思と表象との世界」を知り、フォイエルバッハの男女の性愛論からインド精神世界の仏教教義へと変貌してゆく。それが「パルシファル」二幕終了近くにおけるクンドリーとパルシファルとの「キッス」シーンである。クンドリーは性欲によってパルシファルとの合一を図ろうとするが、そのキッスはクンドリーの思惑とは違った展開となる。

＊6ジークフリートの二面性

なぜ、ジークフリートが二つの極端に相反した行動と性格の持ち主であったか？　最も忠誠で、最も恐ろしい裏切り者。彼の二面性は正に人間の二面性の象徴である。しかし軽卒にも英雄が魔酒を飲まされるか？　疑問である。

彼が無意識のうちにもつ陰の行動は彼の意思によって行われたものでない。けだし、その罪は自分が負わねばならない。個人の罪は社会全体の罪でもある。その社会を支配しているのがヴォータンである。

＊7ジークフリートの死、葬送行進曲

〝怖れながら生きるよりも死の方が良いことを知っている〟

ジークフリートの死もまた自己犠牲である。ブリュンヒルデは言う。神々（ヴォータン）は権欲、支配欲、物質欲（金欲）とあらゆる欲望を満たすため罪を犯した。その罪を一身に引き受け死ななければ、この悪社会は終焉せず、純粋の愛による新世界を迎えることができない。ジークフリートは英雄として清く死んでゆくが、ここで彼はブリュンヒルデとの出会いの想い出、愛を讃える。

＊8ブリュンヒルデの自己犠牲

ブリュンヒルデはジークフリートを最も高貴なる英雄とたたえる。彼と運命を共にするのは最高の名誉であると言う。それ故、自己犠牲することによって、この英雄と運命を共にする。そもそもの原因は神々、なかんずくヴォータンのせいであると断罪、ジークフリートの名誉を回復する。（父娘の関係はプッツンきれていている証拠である。）

薪を焚き、炎で天上のワルハラまで焼き尽くしてしまう。

そして最後の最後にジークリンデの「愛」のライトモチーフが流れる。

ブリュンヒルデはジークムントとジークリンデの愛によって人間の真の愛を教えてもらう「ワルキューレ」第2幕5場の場面である。この愛こそが慈悲の力となり新しい世界を創造する。「リング」のキーパーソンはジークリンデである。

古の人間社会に於いては、神々は人間の強欲さと裏切りを目にし、地上の腐敗を一掃する為、天罰（天然現象）を与えるか、ひとりの女性が自分の命と引き換えに神々に赦しを請う。そして神々はこの清らかな善なる心を信じ、人間を許す。

これが普遍的な神々と人間の関係である。

ブリュンヒルデの自己犠牲によって地上は浄化されるのである。

ジークフリートとブリュンヒルデ、愛馬グラーネ共々火葬されたのである。

ワーグナーの「愛」について

「トリスタンとイゾルデ」での「愛の死」と「神々のたそがれ」での「自己犠牲」とは全く違った精神世界の愛である。

「神々のたそがれ」の「自己犠牲」、この愛は前述のとおりであるが、「ジークフリート」では性愛によってジークフリートとブリュンヒルデは結ばれる。「神々のたそがれ」最終稿よりも約20年前にテキストが書かれていたからである。

またワーグナーは自著「友人たちへの伝言」（P３３３）で「さまよえるオランダ人」のゼンタ、「タンホイザー」のエリザベート、「ローエングリーン」のエルザは、次のように言っている。

それは、さまよえるオランダ人が海上をさまよう悲惨のどん底の境涯から思慕を寄せた女性であり、みずから天上の星となってタンホイザーにヴェーヌスベルグの淫欲の洞窟から天上の高みに通じる道を教えた女性であり、いままたローエングリーンを陽光に輝く高みから温かい大地の懐へ引き寄せた女性であった。そしてローエングリーンは無条件に自分を愛してくれる女性を求めた。

救済する女性、人間的な愛の抱擁を受け入れる女性を……

「トリスタンとイゾルデ」に見る愛は自由奔放で、人間むき出しの自己中心的な愛である。あらゆる人間は自分が生きた時代によって多少の違いはあっても世の中の、社会の倫理、ルールという箍をはめられているが、この二人の行動、考え方には社会秩序の規範は全く当てはまらない男と女である。意思を超越、死後までも続く永遠の愛。ワーグナーはマティルデとの交際において妻ミンナとの三角関係に、鬱病的な日常生活の中で、この物語とが交錯、錯乱した状態であったのではないか？

「リング」の台本制作当時、実生活においてワーグナーはフォイエルバッハ的「愛」を理想、最高と考えていた。

「キッス」という所作

ワーグナーは「キッス」という行為（所作）を「ワルキューレ」と「ジークフリート」で使っている。

「ワルキューレ」第三幕三場〝ヴォータンの告別〟でブリュンヒルデに対してヴォータンは神性を剥奪、人間として深い眠りへと誘う場面で眼にキッスをする。

また「ジークフリート」では第三幕三場〝ブリュンヒルデの目覚め〟でジークフリートはブリュンヒルデに長いキッスをして長い眠りから目覚めさせる。つまり登場人物の重要な心の転換点クライマックスとしてキッスを使っている。

ワーグナーの足跡を訪ねて……　（２０１５年10月21日〜22日）

ジェノヴァ、ラ・スペチアこの地にワーグナーが１８５３年８月の終わりから９月の初め頃、観光に来ている。ジェノヴァではじめて純粋のイタリア都市と出会い感激し、古い貴族の邸宅の立ち並ぶ街路（Via GARIBALDI）を歩き、屋敷の一つ Palazzo Rosso 赤の屋敷 Brignole Sale の庭で、館の屋根程の高さのある花咲く「きょうちくとう」のもとで素晴らしい感激の夜を味わった。ちなみに夾竹桃はイタリア全土で見かける花で、ガイド書

ジェノヴァ、赤の屋敷。

によると空気清浄のため植樹しているとのことである。

ワーグナーはこの感激を胸中に暖め、ラ・スペツイアまで足を延ばした。

ラ・スペツィア LA SPEZIA

ジェノヴァから東南約１００kmリグーリア海沿いに鉄道は走っている。車窓からは途中、神秘の村々が山肌に、また海岸沿いに点在。そこは聖母信仰の聖なる地、チンクエテッレ、五つの村が点在しイタリアで最も美しい景色の一つに出合う。ラ・スペツィアまで1時間少々の鉄道の旅である。

そしてこの町で、ワーグナーは5年来、音楽的想像力がせき止められていたすべてが解き放たれる瞬間が突如として訪れたのである。

ワーグナーは少し旅に疲れたが無理やり散歩に出かけた。彼は待ち望んでいた眠りのひと時を硬いソファーの上に横になって待った。しかし、それは訪れなかった。その代わりに私は一種夢遊病のような状態に陥り、突然自分が強い水の流れの中に身を沈めていくような感じに襲われた。やがてその水音は変ホ長調の和音の音楽的な響きとなって現れ、それは連続する分散和音のかたちをとって波打っていた。そしてこの分散和音は旋律の Figuration をともなって運動性を強めていったが、しかしその変ホ長調の三和音の純粋さは決して失われず、しかも、それが連続していることで、わたしが身を沈めていたところの元素である水に無限の意味を賦与しようとしているように思えた。大波が今こそ、わたしを躍り越えるかのように感じたその瞬間、強い驚きとともに私は半睡状態から醒めた。即座に私は自分がこれまで胸の中に抱いてきたが、今一度も正確に見出し得なかった「ラインの黄金」のオーケストラの序奏を着想したことに気づいた。それとともに、わたしがどんな情況にあるのかということも直ぐわかった。

生の潮は外からではなく、わたしの内面からこそ流れ注ぐべきだったのである。眠られぬ身をラ・スペツィアの旅館に横たえていたわたしに「ラインの黄金」の音楽の啓示が与えられたのだ。この並みはずれた大きな作品の音楽を仕上げる為、わたしはすぐさま陰気な故郷に引き返した。（「ワーグナー」C・フォン・ヴェステルンハーゲン著　三光長治、高辻知義訳、白水社）ラ・スペツィアとバイロイトは姉妹都市である。

この旅館はVia Del Prioneにある。鉄道の駅からTaxiで。近くに住んでいる人たちに、この旅館の場所を聞いても〝知りません〟と全然興味がない。仕方なく自分で探して、写真を撮っていると不思議な顔をしていた。その後、我々は海岸へ、第二次世界大戦での重要な軍港である。今はその面影はなく、地中海の穏やかな海で観光船が停泊していた。遠くにコルシカ島の山々が美しく見えていた。

チンクエテッレCinqueterre（5つの小さな村・イタリア政府観光局の訳）

我々はラ・スペツィアからジェノヴァへの帰途、鉄道でモンテロッソ・アルマーレに途中下車をし、海岸へ降り地中海の風を満喫した。

山側は、長々と続く尾根に一本の小道があり、この道がほぼ全村々へと続き、その両側に「モンテネロのわれらが聖母」（リオマッジョーレ）、「救済の聖母マリア」（ヴィラストラ）、「レッジョの聖母マリア」（ヴェルナッツア）、「憐れみの聖母マリア」（サン・ベルナルディーノ）、「ソヴィオーレの聖母マリア」（モンテロッソ）、「メスコの聖アントニオ」

（モンテロッソ）、「聖シーロ教会」（モンターレ・ディ・レヴァント）、等聖地と教会群が点在している。（観光ガイドのチンクエテッレトレヴァントより）

この５つの小さな村はジェノヴァとラ・スペツィア間に位置し、ジェノヴァからモンテロッソ・アルマーレ、ヴェルナッツア、コルニーリア、マナローラ、リオマッジョーレの５つの村である。この景色が今あることは奇跡であり、神秘であり筆舌に尽くしがたい特別な思いを胸にジェノヴァへと帰った。

ちなみにワーグナーのこのイタリア旅行が実現したのはオットー・ヴェーセンドンク（Otto Wesendonk １８１５〜１８９６スイスの裕福な商人でワーグナーの最大の後援者のひとり、妻はマティルデ）からの借金である。

このころ、ワーグナーはチューリヒへ逃亡して以来、幾たびとなく繰り返して現れる危険な気持ちに襲われていた。精神の病である。なんとか過去を断ち切りたい。そして新しい生活を……そんな気持ちをオットーに打ち明ける。そしてイタリア旅行が実現したのである。（「ワーグナー」Ｃ・フォン・ヴェステルンハーゲン著　三光長治、高辻知義訳、白水社）

「ラインの黄金」の序奏を着想した、ラ・スペツィアの旅館の玄関。

モンテロッソ・アルマーレの海岸（地中海）

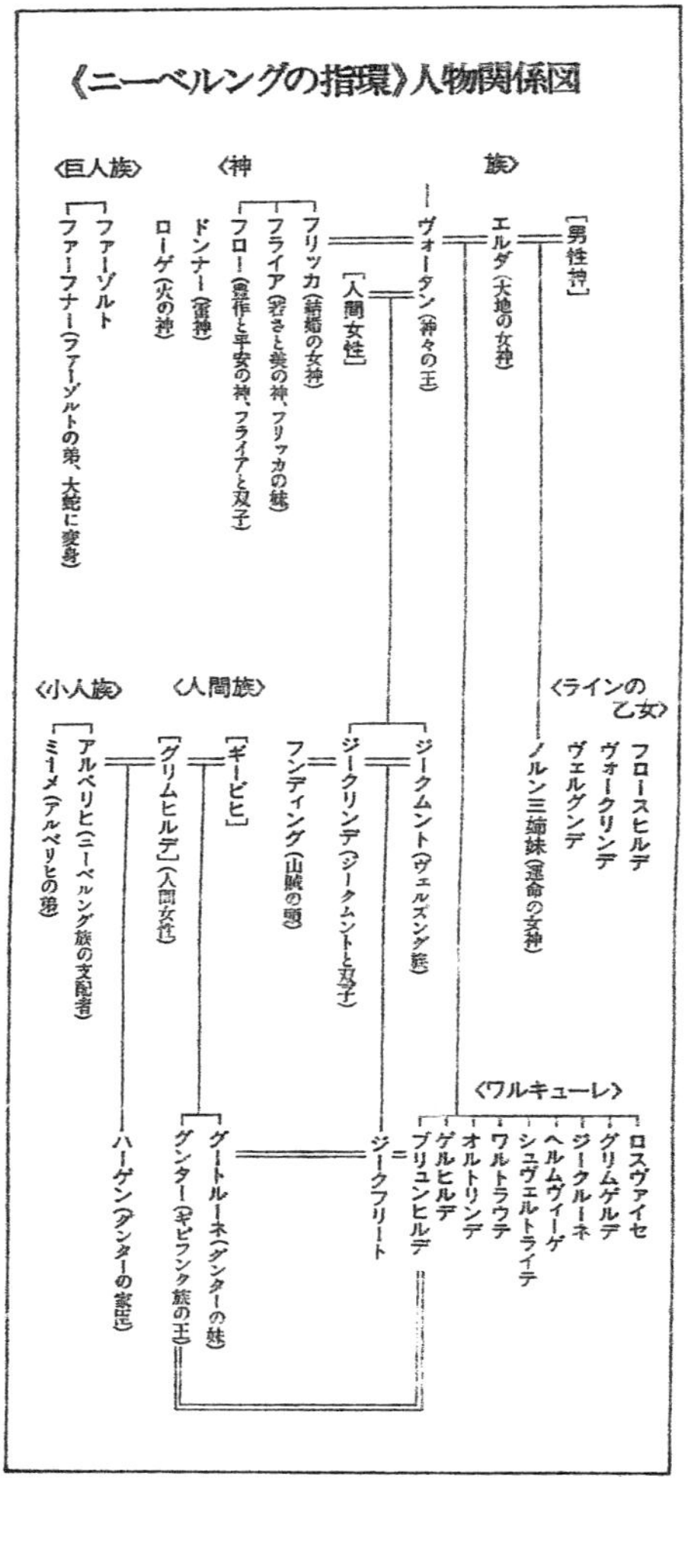

《ニーベルングの指環》人物関係図

インド精神世界（バラモン教、原始仏教）とR・ワーグナー

ヨーロッパに於けるインド精神世界研究の始まり

ヨーロッパ諸国にとってインドは彼らの植民地であり搾取の対象であった。１６００年ごろから英国をはじめとして諸国はインド侵略の基地を設け、そこに派遣された人々の中にはインド人の文化と言語に興味を持つ人々がいた。

１７７３年ベンガル総督に任命されたウオーレン・ヘイスティングは統治の必要上インド古来のサンスクリット語（インドの古典語）で書かれた書物の翻訳を彼らに命じた。

１７８５年チャールズ・ウイルキンズ（１７４９〜１８３６）は当地のバラモン学者にサンスクリット語を学び「バカバッド・ギーター」をいち早く英訳し発表した。

続いて、１７８９年ウイリアム・ジョーンズ（１７４６〜１７９４）はカーリダーサの戯曲「シャクンタラー」を英訳した。その後これがドイツ語に訳され、ゲーテ達に感銘を与

えた。ウイルキンズとジョーンズはつぎつぎと業績を発表。

言語学者ジョーンズは当時ヨーロッパで使われていたラテン語、ギリシャ語とインドのサンスクリット語は同源であることを突き止めます。

また、アレキサンダー・ハミルトンは帰国の途中１８０２年パリに寄りますが、たままパリに来ていたフリードリヒ・シュレーゲル（１７７２〜１８２９）にサンスクリット語を教えます。兄のアウグスト・ヴィルヘルム・シュレーゲル（１７６７〜１８４５）は１８１４年パリ大学で学び１８１８年にはボン大学で最初のサンスクリット語の教授になり原典の出版、翻訳その他多くの業績を上げた。

フランツ・ボップ（１７９１〜１８６７）は１８１２年パリ大学でサンスクリット語を学び１８２５年ベルリン大学の教授になりインド・ヨーロッパ語族の源流を探究します。

このころからフランス人も学ぶようになりＡ・Ｌ・シェズィはパリ大学の最初のサンスクリット語の教授になります。しかし彼は１８３２年コレラで急逝し、その後ウジェーヌ・ビュルヌフ（１８０１〜１８５２）がパリ大学の教授になります。

彼は偉大なサンスクリット語の学者であり、インド最古の文献であるヴェーダの研究に優れた業績を残した。以上これらはいわゆるバラモン教教義及び文化の研究である。

パーリ語仏典の研究

マルコ・ポーロ以来、探検家の報告によって仏教の存在はヨーロッパに知られていたが、仏教の文献についての研究は19世紀になってから開始された。セイロン、ビルマ（ミャンマー）、タイ等では現在まで仏教聖典はパーリ語（南伝上座部仏教の経典で主に使用される言語）で書かれたものである。

セイロン島は中世以来ポルトガルの支配下にあり、次にオランダが領有し１８１５年英国がこれを奪います。英国の支配者はインドに対したと同じように統治の必要上その歴史を研究します。１８２６－３３年にパーリ語文献「マハーヴァンサ」その他の史料を英訳し編集出版。これがヨーロッパの学界で注目されるようになる。やがてボン大学でアウグスト・ウイルヘルム・シュレーゲルにサンスクリット語を学び、パリに留学したノルウェーの青年クリスチャン・ラッセンは、そこでビュルヌフと共に１８２６年「パーリ語試論」を発表、ヨーロッパの学界がにわかにパーリ語熱をおび１８５５年パーリ語原典にラテン語訳をつけ「ダンマパダ」（法句経）をコペンハーゲン大学の図書館に勤務するＶ・ファウスベルが出版、またパーリ語聖典に基づく仏教研究も盛んになり１８８０年リス・

デヴィスが「仏教」を1881年にはドイツのヘルマン・オルデンベルク（1854～1920）が「ブッダ」を出版、「ブッダ」は現代にまで読み込まれている立派な書物である。

チベット仏教の研究

チベットは高原地で地理的にも接近し難かったが、すでに14世紀にキリスト教宣教師が入国し、17～18世紀には宣教師、探検家たちが旅行し記録を残します。18世紀以来英国、フランス、ロシアはそれぞれアジア侵略の政策上チベットを重要視し、それに伴って言語や宗教の学術的研究も進められ19世紀には長足の進歩を遂げた。

最初に試みた人はハンガリー人アレキサンデル・チョーマ（1784～1842）です。彼は最初ドイツで東洋語学を学び、単身インドからチベットに入り、ラマ僧に附いて仏教を学んだ後1834年「チベット語文典」1835年「チベット語＝英語辞典」と、これらの研究諸論文はチベット研究の礎石となった。

それからドイツ人でロシアに帰化し露都大学教授になったイサーク・ヤコプ・シュミットはチョーマの著作に基づき「チベット語文典」「チベット語＝ドイツ語辞典」を著し、

モンゴル学も開拓します。

また彼ら二人の業績に基づきカール・フリードリヒ・キュッペン（1808～1863）は1857～59年ドイツ語「ブッダの宗教」2巻を著し、下巻はラマ教を記述したもので現在でも評価されている。しかしこれら前後してフランス、ドイツ、ロシアでチベット語文献による仏教研究があいついで発表されるが、前述のセイロンなど東南アジアのパーリ語仏典とは著しく内容の異なるチベット語仏典がヨーロッパに紹介された。

サンスクリット語仏典の発見

インドでは仏教は12世紀末ごろまでの間にイスラム教徒によって破壊されたがネパールには仏教が存続、そのサンスクリット語聖典が保存されていた。これを最初にヨーロッパに伝えたのが英国人ブライアン・H・ホジソン（1880～1894）であった。かれはネパール駐在官として1839年ネパール政府との条約締結に成功しますが、上司と衝突、解任される。しかし彼は現地に留まり、仏教のサンスクリット語聖典の写本を約380点収集する。

それらのうち半分を母国に、半分をパリの「アジア協会」およびビュルヌフに贈呈します。ビュルヌフはこの珍しい仏教の文献にとびつき、１８４４年「インド仏教史序説」を発表するに至った。これによってネパール資料による大乗仏教研究が始められたのである。続いて１８５２年サンスクリット語原典による「法華経」のフランス語訳を刊行します。当然、ヨーロッパの学界で大反響を起こす。

ビュルヌフがこの翻訳に際してチベット語学者エドゥアルド・フーコーの意見を取り入れ脇を固めた。けだしネパール仏教とチベット仏教とは同じ系統に属することが判明した。（「仏教」渡辺照宏著　岩波新書）

また１８８３年南條文雄（１８４９～１９２７）が英文で「大明三蔵聖教目録」を出版し漢訳大蔵経の全貌をヨーロッパに紹介します。

南條文雄は１８７６年サンスクリット語研究のため渡英、オックスフォード大学のマックス・ミューラーのもとでヨーロッパに於ける仏教研究の手法を学びます。ちなみにマックス・ミューラーの父親はドイツ・ロマン派の詩人ヴィルヘルム・ミューラーであり、彼の詩集からシューベルトは「美しき水車屋の娘」「冬の旅」として付曲している。（「史料学探訪」東野治之著　岩波書店ｐ２４６）

インド・バラモン教から仏教誕生、そして日本へ、その流れ

インドのバラモン教は紀元前1、500頃アーリア人がインド侵略、統治のため生まれた。しかし紀元前6世紀～5世紀ごろ宗教界に変革が起きる。バラモン教の聖典ヴェーダに説かれた伝統的な世界観、人間観を否定した新たな、自由な思想家たちが生まれた。これらの人たちを「沙門」と言う。このような情勢下、お釈迦様によって仏教が生まれた。仏教の信者の主流は商業に従事する商売人であった。そして仏教は1世紀ごろ中国へ。そのころの中国は、既に文化、文学、哲学等、高度な発展を遂げていたため、すべての外国文化は自己流に消化された。仏教も例外ではなく、その枠にはめインドの仏教が中国流に変貌する。

東南アジア、チベットは中国と違って、既存の文化がほとんどなかった為、そのままインドの仏教が受け入れられた。

日本は中国から朝鮮半島経由で六世紀に仏教が入ってきたことは周知の通りである。しかし中国で加工された中国流の仏教であり、あまつさえ漢語に翻訳されていた。

8世紀鑑真が來日、日本の特定の人間に戒律を伝授。9世紀初頭、最澄、空海等が遣唐使として入唐している。空海は慌しく受戒を済ませ、漢語の読み書きは出来たので通訳と

してでも？　又なぜ遣唐船に乗れたか？　最澄は国から認められ天台教学の修学を目的とした渡唐であった。現代において宗祖といわれる彼らであってもインドの仏教経典がサンスクリット語、パーリ語で書かれているため、インドと直接交渉を持つことはなかった。その後、わが国の仏教者たちは、漢語で書かれた経典を儀礼的、実践的に使用した。仏教が元来インドの宗教ということは常に意識していたが、梵語経典の入手困難、渡航困難等で学問として、インドと直接交渉を持つことは近年（18世紀）までなかった。

さて、ヨーロッパでインド・バラモン教、原始仏教が流布したのは、前述の通りイギリスがインドを18世紀に侵略。統治するためインドの文字サンスクリット語、パーリ語等を解読して文化、文学、宗教等を徹底的に研究、その文献を英語に翻訳した。そしてそれをラテン語、ギリシャ語、フランス語、ドイツ語等次々に翻訳された。そのような書物をワーグナーは愛読していた。

A・ショーペンハウアーとワーグナーの受容

以上の通りヨーロッパ各国ではインド精神世界バラモン教、原始仏教の研究が学問として取り入れられ、いち早くインテリ層に定着した。この背景には当時のヨーロッパ精神世界の閉塞感があり、虚無主義ニヒリズムが台頭してくる。そしてA・ショーペンハウアーはバラモン教の哲学書「ウパニシャット」「ヴェーダーンタ」及び原始仏教の翻訳本を耽読、「意思と表象としての世界」を著した。

一方ワーグナーは原始仏教のあらゆる翻訳本（特に上述で記した原始仏教の翻訳本）を耽読、中でもE・ビュルヌフの「インド仏教史序説」を読み、1856年に仏教的戯曲「勝利者たち」を散文草稿した。そして1877年遂にA・ショーペンハウアー著「意志と表象としての世界」の中で論じている「意思否定」を主テーマにした「パルシファル」の台本を完成させたのである。ワーグナーはこのようなインド精神世界バラモン教、原始仏教に係わる要素を好んでこの作品の主要テーマとした。

ワーグナーのドラマトゥルギー（台本→作劇法）

原始仏教

仏教とは即ちお釈迦様の教えである。紀元前500年ごろインドで仏教が生まれるが当時インドではバラモン教が主流であった。バラモン教の起源は紀元前1500年ごろアーリア人がインドを侵略し、その統治のためバラモン教を興した。それ以前はインドの土着の神々をそれぞれに崇めていた。バラモンとはアーリア人のうちで神との交信を執り行う司祭階級の人達である。彼らは強力に統治する為カースト制度（身分制度）を作った。当然勝利者アーリア人が其の制度の上位を占める。最上級はバラモン、次にクシャトリア（王侯、武士）が占め、３番目にヴァイシャ（農業、商業）、４番目シュードラ（隷属民）、番外がチャンダーラ（不可触民）である。

このカースト制は現在のヒンズー教になっても変わりはない。

さて、お釈迦様はこのカースト制度には絶対反対であった。人間は生まれながらにして位が決まるのではなく、人間の価値はその行い、行為によって決まるものである。との持論。しかしながら、この制度は当時の考え方としてバラモン達が神との約束で作られたものである。従ってこの制度に強く反対することは神に背くことになり、お釈迦様でも強硬に反対するわけにはいかなかった。そこでお釈迦様は賛成、反対どちらにも与しない中道を守られた。

次に輪廻転生です。生まれてくる存在は過去の行為によって決定される。つまり人間はその生涯の間にした行為の結果として死後の運命が定められる。業報思想で、身分制度と連携している。このバラモン教の思想はインドで非常に根深く浸透していたのでお釈迦様であっても、これに反対することは、自分たちの首を絞めることになるので、中立を守っていたが、お釈迦様の死後はだんだん仏教にも取り入れられてくる。そして現在も輪廻思想は生きている。

インドは男尊女卑の国であるが、女性であってもカースト制度によって、そのクラスの人々は守られている。

お釈迦様の時代、女性の出家者第一号はお釈迦様を育てたお母さん（生みの親マーヤはお釈迦さんを生んですぐに亡くなる。）マーヤ夫人の妹マハーパジャーパティー・ゴータミーであった。女性出家修行者を比丘尼（びくに）と言う。

修行の場、サンガは男性と女性はやはり別々であった。

仏教がだんだん隆盛するにつれ比丘尼も多数増え、男性の出家者と同じように修行をし、悟りの道を開きたいと言う比丘尼に対して、お釈迦様は、最初躊躇いたしましたが愛弟子アーナンダに説得されます。つまり男女の間に差異は無い、仏教理念人間は皆平等である。これらに反するとのことでお釈迦様はＯＫをだしました。バラモンの時代、仏教が興隆してきた紀元前５００年頃としては画期的なことであった。

ワーグナーは、これらインド精神世界の特異性〈カースト制度〉〈輪廻転生〉〈女性救済〉等を巧みに物語に導入した。
また、原始キリスト教と原始仏教との徹底比較研究によりキリスト教の三位一体と仏教の仏、法、僧への帰依と真理を求道する修練が同じで有ることを確信、ドラマトゥルギーを開花、発展させてゆくのである。「パルシファル」はこの同根説（後述）が重要なポイントで、非教会主義を徹底させた。

ワーグナーの仏教的戯曲「勝利者たち」散文草稿
登場人物……シャカムニ、アナンダ、プラクリティ、その母、バラモンたち弟子たち、民衆。
最後の旅の途上にあるブッダ……
井戸のほとりでチャンダラの娘プラクリティから水を飲ませてもらうアナンダ。アナンダに激しい恋心を抱く娘。動揺するアナンダ……恋の病に苦しむプラクリティ。彼女の母がアナンダをそこへ呼びよせる。激しい愛の葛藤。心動かされて涙するアナンダ。不安に陥るがシャカによって救われる。プラクリティは木の下の城門のところにいたブッダのところにおもむき、アナンダと結ばせてくれるよう頼む。ブッダは彼女に問う。結婚するには条件があるがそれを満たすつもりがあるか、と。二重の意味での問答。プラクリティにとっては、結婚とは愛欲によるものを意味していた。アナンダの禁欲の誓いを彼女も守らなくてはならないのだ。と、ようやくわかって、彼女は驚愕し泣きながら地面に倒れ伏す。アナンダがバラモン達に追われてくる。チャンダラの娘に関わっているブッダへの非難。カースト差別に対するブッダの攻撃。彼はそこでプラクリティの前世について物語る。彼女はかって誇り高き、あるバラモンの娘であった。

チャンダラの長はその昔、自分がバラモンに生まれたことを思い出し自分の息子の嫁にそのバラモンの娘を望んだ。息子は彼女に激しい恋をしていた。誇りと傲慢の故に娘は申し込みを拒み、不幸な息子を嘲笑った。彼女はこの罰を受けて、報われない愛の苦しみを味わうために、今やチャンダラの娘に生まれ変わったのだ。だが、同時に彼女は欲望を棄て、ブッダの教団に受け入れられて、完全な救いに導かれるであろう。……

するとプラクリティはブッダの最後の問いに明るく〈はい〉と答える。

アナンダは彼女を妹として迎える。ブッダの最後の説法。皆が彼への帰依を明らかにする。彼はその救済の地〔ニルヴァーナ〕へと向かう。

チューリッヒ、1856年5月16日

この「勝利者たち」のお手本となった文献はフランス人ウジェーヌ・ビュルヌフによる著書「インド仏教史序説」である。

ワーグナーが作った「勝利者たち」の仏教的戯曲《ぎきょく》の特徴はバラモンの〈輪廻転生〉自力で欲望の放棄を教えられ解脱し、ブッダ教団に受け入れられる〈女性救済〉であり〈カースト制度〉への批判などで、それらを巧みに挿入した物語である。ウジューヌ・ビュルヌフは「インド仏教史序説」を１８４４年パリにて著したが、それらはサンスクリット語で書かれた説話集「シャールドゥーラカルナ・アヴァダーナ」等から引用され説明している。

前半部分が「勝利者たち」としてワーグナーが転用。後半部分はバラモン教教義及び祭祀、輪廻転生、カースト制度等バラモン教の中心部を痛烈に批判している。つまり、前述の通り佛教が台頭してきた時、宗教界に変革が起きる。バラモン教の聖典「ヴェーダ」に説かれた伝統的な世界観、人間観を否定した新たな自由な思想家たちが生まれた。このような情勢下、お釈迦様によって仏教が生まれたのである。ワーグナーの「勝利者たち」の勝利者とは？

この世には二種類の勝利がある。

1）ヴィジャヤ＝物質的な勝利であり、そこには敗者が存在する。
2）ジャヤ＝霊的（心の中）な勝利であり、そこには敗者は存在しない。
（「マハーバーラタ下P２４７」デーヴァダッタ・パトナーヤク著　村上彩訳　沖田瑞穂監訳　原書房）

妄執を捨て、執着を乗り越え体得される煩悩の消滅、そして寂静な境地、ブッダはダルマ（真実の教え）を解き明かし衆生を救済する旅にでた。Jina（ジナ）＝勝利者＝ブッダである。勝利者たち、複数形になればブッダと聖者アーナンダである。

シャーキャムニの従者アーナンダはある日、村々を長い間托鉢して歩いて廻った後、マータンガすなわちチャンダーラの若い娘に出会った。

彼女は水を汲んでいた。アーナンダは彼女に水を飲ませてくれるよう頼むが若い娘は自分に触れると彼が汚れるのではないかと恐れ、自分はマータンガのカーストの生まれで出家者に近づくことは許されないと告げる。するとアーナンダは彼女にこう答えた。

「妹よ、私はお前のカーストや家系のことを尋ねているのではない。ただ、もし水があるならばお呉れと頼んでいるだけだ。」その若い娘はプラクリティという名であった。物語によると、後にブッダの教えに帰依する定めにあるのだが、この時の彼女はたちまちアーナンダへの恋の虜となってしまった。そして彼の妻になりたいと母親に訴えた。母親はカーストの違いがこの結婚の妨げとなるに違いないと予見する。なぜならば、アーナンダはクシャトリア階級のシャーキャ（釈迦）族の出身で、ブッダの従弟だったからである。

そこでその母は魔術によって僧アーナンダを家におびきよせる。家ではプラクリティがこれ以上無いほどに美しく着飾って彼を待っていた。マータンガの女が駆使した呪法の力に引き寄せられアーナンダはほんとうに其の家に入っていく。だが身に降りかからんとしている危険を察知して、彼は尊師を思い、泣きながら彼に祈った。直ちにブッダは術を返してチャンダーラの女の呪法を打ち破りアーナンダは二人の女の手から自由になった。ブッダの技には誰も抵抗できないのだ。

それでもプラクリティは諦めなかった。彼女はシャーキャムニその人に直接お願いしようと考え、町の城門のひとつに近い木の下で彼を待ち受けた。彼は乞食した後、そこを通って町の外へ出てゆくからである。シャーキャムニは姿を見せ、娘の口から、彼女がアーナンダを愛していること、アーナンダに付いてゆく決心をしていることを聞かされる。其の情熱を利用してプラクリティを改心させようと考えたブッダは次のことを話す。すなわちプラクリティは彼女の愛を貫くと言う道を選ぶことができる。だがそれは全く宗教的な意味でなさなければならないと。そして遂にはこの若い娘の眼を真理に向かって開かせ、彼女に出家の修行生活を選びたいと言う望みを起こさせたのであった。更に彼は娘に尋ねる。

アーナンダに従う。すなわち彼に倣って「出家」するつもりがあるのか、彼と同じ衣、つまり僧衣を身にまといたいのか、彼女の両親はそれを許すだろうかと。そして戒律が定めたところの仏教の出家者になりたいと願う人たちに向けられるべき質問をした。若い娘はすべてに「はい」と答える。

シャーキャムニはさらに父母の正式な同意を求めたので、彼らは実際にやってきて娘が望むことはすべて認めると約束した。若い娘は其の時、彼女の愛の真の目的を見極めて、最初の過ちに気づき出家の生活に入る決意を宣言する。そこでシャーキャムニは彼女に戒律を授ける準備のため、人が輪廻転生の定めによって余儀なく幾度もの悲惨な生存を繰り返すうちに犯したあらゆる罪と汚れを清める呪文「陀羅尼」を唱えた。

シュラーヴァスティー（古代インドコーサラ国の首都で祇園精舎があった所）の町のバラモンたち、家長たちはチャンダーラの若い娘が尊師によって出家教団（サンガ）に受け入れられたことを知って、互いに次のような意見を交わす。このチャンダーラの娘は比丘尼とそれに従う女性「信者たち」に課せられた義務をどうやって果たすことができるというのか。このチャンダーラの娘は「乞食のために」バラモンの家、クシャトリアの家、家長たちの家、そして金持ちの家にどうやって入ることができるというのか。コーサラ国のプラセーナジト王も、またこの知らせを聞き、シュラーヴァスティーの住人たちと同じことを考えて、自らの立派な車をつながせそれに乗った。大勢のバラモンたち、家長たち、シュラーヴァスティーの住人たち皆に囲まれて王は町を出、アナータピンディカ（祇園精舎をブッダに寄贈した長者）の庵がある祇園精舎へ向かった。

王がバラモンたち、クシャトリアたち、家長たちを伴って庵に入り、尊師に近づき一人ひとり自分の名前と父の家系、母の家系を尊師に告げた。その時尊師は王とその従者たちの心にどんな考えが起こったのかを察して、僧たちを集め、彼らにチャンダーラの娘の前世について話し始めた。それはまずこのカーストの王（チャンダーラの王）であったトリシャンク（前世、武士の階級であったが青年時代に欲望に駆られ諍いを起こし、それに敗れ王権を奪われチャンダーラ階級へ。しかし現在もバラモンの知識、学識を有していた。）の物語で始まる。

トリシャンクはガンジス河のほとりにある深い森の中に住んでいた。この王にはシャールドゥーラカルナという名の息子があった。彼は自分が前世で学んだすべてのことをこの息子に教えた。息子があらゆる「ヴェータ」の儀礼に通暁し、ヴェーダを凡て読んでその真言（マントラ、呪文、思いを伝える手段）を自由に操れるようになったのを見て、彼は高潔で教養がある美しい若い娘と結婚させようと考えた。

その頃、トリシャンクの住む森の北部の町ウトカタ一という所にプシュカラサーリンという名のバラモンが居た。彼はアグニダッタ王から譲られた土地の収穫を享受していた。バラモンの高貴な家系に属し、父母の名を七代遡って言うことができた。真言を使うことができ、三つのヴェーダをそれに属する凡ての書物と共に読み、第五のヴェーダである伝説集も読んでいた。このバラモンにはプラクリティという名の娘があった。トリシャンクは息子シャールドゥーラカルナにこの娘を娶らせようと考えて、森へ行きバラモン教の真言を唱えるために、そこへやってくるはずのバラモンを待つことにした。

チャンダーラの王トリシャンクはすぐにバラモンのプシュカラサーリンを見つけた。プシュカラサーリンは昇り来る太陽のごとく、また祭火のように光り輝き、バラモンたちに囲まれた犠牲「獣」のごとく、娘たちに囲まれたダクシャ（創造神ブラフマンの右の親指から生まれた霊神で、プラーナ文献の伝承によると、多くの息子、娘をもち、そのうちの娘サティーはシヴァ神の妃である。シヴァ神をその祭式の席に招待しなかったために殺されるが、切られた頭の替わりにヤギの頭をつけられて蘇らせた。）のごとく、神々の集まりの中心にいるインドラ（「リグ・ヴェーダ」に登場する雷神にして英雄神）のごとく、薬草繁るヒマラヤのごとく、宝石をちりばめた大海のごとく、星座を従えた月のごとく、ヤクシャ（夜叉、森に住む霊神でヴァイシュラヴァナに統率されている）の群れの中のヴァイシュラヴァナのごとく、そして神々と神仙たちの真ん中に居る神ブラフマーのごとくであった。

〃わたしです、プシュカラサーリンさん、ご機嫌麗しゅう。話があって参りました。お聞き下さい。〃

バラモンのプシュカラサーリンはこの言葉に答えて、チャンダーラの王トリシャンクに言った。

〃おゝ、トリシャンクよ、バラモンと紳士の挨拶を交わすことは君には許されないはずだが。〃

〃プシュカラサーリンさん、私はバラモンとこうした挨拶を交わすことは出来るのです

よ〃
そして彼はプシュカラサーリンにその娘プラクリティを若いシャールドゥーラカルナに嫁がせてくれるよう頼む。バラモンはこんな申し出を聞く耳は全く持ち合わせていなかった。彼は憤怒のあまりわれを忘れて、肩をしかめ、怒りで喉を震わせ、飛び出るほどに眼を見開いてトリシャンクに言った。
〃立ち去れ賤しいチャンダーラよ、お前のように犬を食う輩が、ヴェーダを学んだバラモンに話しかけようと言うのか？　気違いめ！　お前はプラクリティがなんであるか判らないのだな。身の程知らずに自分を何様だと思っているのだ！　不幸な目にあいたくなければ、さっさとここから去れ。お前はチャンダーラにすぎないが、わしは再生族（バラモン、クシャトリア、ヴァイシャの階級）のカーストだぞ。哀れなやつ、お前はもっとも賤しいものと、もっとも高貴なものとの結婚を求めると言うのか？　この世の中では、良き者はよきものと、バラモンはバラモンと結婚するものだ。我々と結びつこうなんて、とんでもない望みだ。お前は世界中で軽蔑されている最下層の人間だぞ。チャンダーラはチャンダーラと、プッカサ（チャンダーラ同様異なった身分間の婚姻から生まれた雑種で下層階級に属する。「マヌ法典」第十章の規定によると、バラモンとシュードラの女性の間に生まれたニシャーダと言う身分の男性を父とし、シュードラの女性を母として生まれたものがプッカサである。動物の捕獲、屠殺等を生業とする。）はプッカサと一緒になればいい。同じようにバラモンもクシャトリアもヴァイシャもシュードラもそれぞれ同じカースト同士で結婚するものだ。バラモンがチャンダーラと一緒になるなんて前代未聞だ。〟

これに対してトリシャンクは次のように答える。

〝石と金、闇と光との間には違いがありますが、そのようなものはバラモンと他のカーストの間には存在しません。実際バラモンは空間や風から生まれてきたのではなくアラニ（植物の名前で祭式のときに用いられる）の木片を擦りあわせて起きる祭火のように、地面を裂いて現われたのでもありません。バラモンはチャンダーラと全く同じように女性の子宮から生まれたのです。一方が高貴で一方が賎しいという理由が一体どこにありましょうか？　バラモンだって死ねばみすぼらしく汚らわしいもののようにうち棄てられるのです。その点では他のカーストと同じです。一体何の違いがあると言うのでしょうか？〟

トリシャンクは更に続けて、バラモンたちの悪徳と欲望を非難する。とりわけ彼らが自分たちの欲望を満たすために設けた口実を厳しく咎める。彼らが「殺生」という最も悪しき行為をなしながら自分たちは清らかであると主張するのは特に偽善的だとトリシャンクは言うのである。

〝彼らが真言を唱えれば、生贄のヤギや羊たちも真っ直ぐに天界に行ける。と彼らは言うけれど、それは自分たちが肉を食べたいからなのです。だって、もし本当にそれが天界への道ならば、どうしてバラモンたちは呪文「真言」を唱えて自分自身を、そして妻たちを、父親母親を、兄弟姉妹を、息子や娘たちを生贄にしないのでしょう？　……いいえ、浄めの水や呪文のおかげでヤギや羊たちが天界へ昇れるなんてでたらめです。こうした作り事はすべて肉を食べたいと言う自分たちの欲求を満足させるために、かの悪しきバラモンたちがでっち上げたことなのです。〟

バラモン、プシュカラサーリンは四つのカーストの源についての神話を語り自分の立場を守ろうとする。伝承によると四つのカーストはブラフマー神の体の四つの部位から生まれたという。（世界の創造神ブラフマンは口からバラモンを胸と腕からクシャトリアを、臍からヴァイシャを、足からシュードラを生み出した）そしてチャンダーラの王トリシャンクがそれも論駁すると、プシュカラサーリンはトリシャンクがバラモン教の諸々の学問に精通しているかどうか尋ねる。トリシャンクはこの神話によっては四階級の差別が正当化されないことを指摘する。人間が皆同じ唯一の原因「ブラフマン」から生まれたならば、人間は凡て一つの種族に属する筈であり、また異なった種族の動物には体つきの違いがあるが四階級の人間にはそのような違いは無い。

また、仏教徒の解釈によればそれらは決して本質的なものではなく、名称にすぎない。人間それぞれの「行為」によってそれを決めるべきで、決してそれら階級ははじめから定まっているものではない。

続いてトリシャンクは天文暦法についての知識を延々と披露する。そして最後に、あるときは天界の神であり、あるときは偉大な聖仙であった自らの前世を回想し再び生まれに差別はないことを確認するのでプシュカラサーリンはついに娘のプラクリティをシャールドゥーラカルナにあたえることを承知する。

ブッダは、この過去の物語と現在との因縁を明かす。すなわち、トリシャンクは自らの姿であり、シャールドゥーラカルナは比丘アーナンダ、プシュカラサーリンは比丘シャーラドゥヴァティープトラ、

（プラクリティはここでは比丘尼となったプラクリティである。）こうして「シャールドゥーラカルナ・アヴァダーナ」は終わり。（「ヴァーグナーとインドの精神世界附録Ｐ１６１〜」カール・スネソン著　吉水千鶴子訳　法政大学出版局）（漢訳は摩登伽経である）

ワーグナーは益々インド精神世界へと大転換してゆく。

その背後にはインド精神世界なかんずく仏教理念が多く描かれている作品として「パルシファル」が生まれるのである。「勝利者たち」(散文草稿)これが原点となったことは言うまでもない。


A・ショーペンハウアーの「意志と表象としての世界」という著書はどのような内容の哲学書であるのか? 音楽論、絵画、彫刻等芸術論及び思想家への批判も含まれているがここでは「意思否定」の意味を考察する。

その思想の概略を、極めて判り易く解説されている二、三の書物から抜粋すると、「意志」が思想のキーワードである。意志と言う言葉は、普通個々人の意向や意欲、目論見や目的に向かっての姿勢などのことを指す。つまり意志は個々人ばらばらだと考えられている。しかし、A・ショーペンハウアーがその著書で用いる「意志」という言葉は、我々が一般に使う意味での意志ではない。

A・ショーペンハウアーがその著作のなかで頻繁に用いる「意志」とは一般に言うところの「自然的な力」「原初的な力」「生命力」「欲望」「意欲」「衝動」「本能」「欲求」など

の言い換えである。

彼は言う。〝意志と言う概念は、力という概念のもとに包括されていた。わたしはこれを丁度逆にして、自然の中のあらゆる力を意志と考えてみようと言うのである。〟この意志は世界の最も奥底から湧きあがってくる深い生命力であり、人間を含め世界の一切を動かしている。

その意志は盲目的に生き続けよう、増え続けようと、まい進することしか知らない。動物や生物はこの意志も欲求のままにしたがって生きている。


しかし人間は意志の欲求と実際の行動の間に知性なるものを置いて、理由だの、動機だの、論理だの、正当性だのと気取っている。

しかしそういう人間であっても快感を覚えるのは結果的に意志の欲求に沿った状態になった時なのだ。

人生に苦悩が多いのは、このような意志によって絶えず衝き動かされて生きなければならないからだ。欠乏から何かを欲しがり、ようやくそれを得て満足の匂いをかいだも束の間で、そのままの状態では飽きたらず、次なる意志のさまざまな欲求に尻を叩かれる。こ

の繰り返しが延々と続く。（この世の中に見えるものは、エゴによる欲望という煩悩である）

ではこのような苦しみからの救いは無いのか？　身近に一つある。それは芸術である。芸術を前にした時、人は普段の一切の欲望と衝動から解放される。芸術の前では人間は、純粋な認識そのものだけを働かせることができるからだ。しかし、この救いは意志の指の隙間からほんの一時逃れているだけの儚いものだ。

もう一つの救いは、意志の働きを否定することだ。

欲望が起こって自分を急がし、せき立ててきても、それに応じないことである。これを実践、修行したのが世の東西を問わず各宗教の聖人である。

意志否定とは煩悩をけ散らかし悟りの境地に達する事である。

自殺は意志のそういう働きを完全否定する行為であるかのように見えるが、実際には意志に従って自分を殺しているに過ぎない。

では、意志を拒絶することは修行を積み、悟りに達した聖人だけのものであるのか。意志に惑わされない純粋な認識の眼で世界を見る（表象）ことである。従来のように意志に沿った眼で世界を見ると、ひとは敵と味方の二種類にしか見えなくなるし、自分の都合によって善と悪を画然と分けなければならなくなる。その見方はあらゆるものを明暗と闘争に導いてしまう。

そこで、そういう意志的な世界の見方を放棄するとどうなるか。憐れみが生まれる。意志に翻弄されて生きなければならない人間への憐れみ。と同時に彼らの苦悩が自分の苦悩となって感じる。こういう認識で生きていると、やがて世界と自分が溶け合うようになる。この時、真の同情である「共苦」が生まれ、それが愛になる。

意志の眼で認識していた時は、愛とは愛着、性欲、占有欲、自己愛の言い換えでしかなかった。しかし今度の愛は純粋な愛になる。自己愛を含まない真の同情、共苦の愛となるのである。

結語として、人間は純粋な認識で世界を見ることによって変貌をとげ、意志の世界の住人に必ず伴う尽きせぬ苦悩と徒労から脱することができる。

つまり解脱（心身の解放。もっと解りやすく言えば、所有欲と諸欲の放棄）によりニルヴァーナ（涅槃）へ。（「ショーペンハウアーの言葉」白取春彦編訳　宝島社）（「ショーペンハウ

アーの散歩」長与善郎　河出書房）

さて、A・ショーペンハウアーの「意志否定」とは上述した通りである。彼のインド精神世界の主な教科書は「ウパニシャッド」文献である。この哲学書の基本となる教義を一言で要約すれば、大宇宙（自然界）の本体と小宇宙（個人）の本体とは同一である梵我一如、（ブラフマン梵＝アートマン個我）この真理を悟って個我の滅却をはかり解脱することにある。

この教科書の翻訳本（ラテン語、フランス語、ドイツ語等）でインド精神世界の思想を、自分の主著「意志と表象としての世界」で、意志とは？　表象としての世界とは？　をひも解いてゆく。人間の意志とは……自我であった。

ウパニシャッド

ウパニシャットとはバラモン教の哲学書のひとつである。

ウパニシャッドはヴェーダーンタとも言われる。ヴェーダ聖典の終結部をなすと同時に、全ヴェーダ聖典の極意を示すと考えているからである。すべて、サンスクリット語で書かれ、仏教興起以前に作られたものから16世紀に作られたものに至るまで、その数は少なくとも200種を下らないが、伝統的には108点とされる。そのうち通常成立年代も古く内容的にも重要な十数点を古ウパニシャッド（前600ころ～前200年ころ）と呼ぶ。それ以外のものは一括して新ウパニシャッドと呼ぶが、一般に短く主題に統一がみられる。

(1)ヴェーダータン哲学に基づくもの、
(2)ヨーガ哲学に基づくもの、
(3)出家主義に基づくもの、
(4)シヴァ教に基づくもの、
(5)ヴィシュヌ教に基づくものという五群に分類される。
ウパニシャッドという場合には通例、古ウパニシャッドを指す。

（「インド文明の曙」辻直四郎著　岩波新書）

(1)はバラモン教、(2)(3)は仏教、(4)(5)はヒンズー教である。永年の聖典編纂を重ねた結果でありインド精神世界の混沌がよくわかる。また〈梵我一如〉の真理を悟ったものは不死となるが、他のものは、ただ苦に至る。ウパニシャッドの人生観は必然的に厭世の方向をとるが、仏教に見るような深刻な無常観には発展しなかった。

〈梵我一如〉の成立について

遊牧生活の中で生きるという営みに直接かかわりを持つ太陽、月、雨、風、雷、大地、火等の自然現象、その恩恵、恐怖等それらの奥に潜んでいる力、これを「デーヴァ」と称し崇め、讃歌を捧げた。

ＢＣ１、０００年頃多くの神々の中で「唯一なる者」を求めようとする営みが始められた。その唯一なる者は神々を統制するものであり宇宙、世界の創造者であり、絶対、不変、不滅である。これがバラモンと呼ばれる宗教支配者によって生み出されたのが宇宙創造神「ブラフマン」神である。そしてバラモン、宗教支配者達によりこの神による宇宙、世界の創造が語られ、祈祷、崇拝されてゆく。

一方、ＢＣ８００年頃になると宗教者だけでなく、王族や武士階級の中に思想家が現れる。彼らは宇宙や世界の成り立ちよりも、もっと身近な問題に興味を持った。すなわち、「私」「私が生きているとは」「命」とは何かということなどであった。そして命の根底にあるもの、命を保持するものとして呼吸（プラーナ）を見出したのである。そしてさらにその奥に呼吸をさせている力としてのアートマンへと追求を進めたのである。かくてアートマンは、生命を保持するもの（霊魂）、自我意識の当体（我）、感覚器官の統制者（経験の統制者）、認識、判断の主体等と解されるようになる。ブラフマンが世界原理であり、アートマンが個人原理ということになる。

バラモン階級の出身で思想家シャーディルヤが梵（ブラフマン）我（アートマン）の両説に理論的な統合をはかった。ブラフマンだけでは宇宙と世界に関しては説明づけられるが、私（人間）に関しては説明しえない。一方、アートマンのみでは私（人間）に関しては説明づけられるが、宇宙や世界に関しては説明し難い。

そこで彼はこれらを理論的に統合したのである。（佛教大学学長田中典彦）

「意志と表象としての世界」の初版本の出版はワーグナーの姉婿H・ブロックハウスである。

舞台神聖祭典劇「パルシファル」

作曲　リヒャルト・ワーグナー
初演　1882年7月26日バイロイト祝祭劇場
指揮　ヘルマン・レヴィ（Hermann Levi 1839〜1900）
ユダヤ系ドイツ人、ミュンヘン宮廷楽長、音楽監督（72〜96）71年12月マンハイム公演でワーグナーと会う。1876年バイロイト祝祭劇場「リング」初演で練習助手を務めた。

ヘルマン・レヴィ

「パルシファル」はインド精神世界（バラモン教、原始佛教）的なものとキリスト教的なものが絡み合っている。この作品を深く理解するためにはパルシファル、クンドリー、彼らの特異なキャラクターを理解する必要がある。「純粋無垢なキリスト教神秘主義と原始仏教は同根である。」との説と非教会主義は「パルシファル」を理解する上で看過できない極めて重要なポイントである。ワーグナーの意図するそれらを対訳から探し、ドラマトゥルギー研究の一助としたい。対訳渡辺護（１９１５／10～２００７／07音楽学者）

第1幕

①Kundry……Sind die Tiere hier nicht heilig?

①クンドリー……ここでは、けものは神聖ではないの？

この言い回しは西洋には無い。⑤と相まって不殺生、自然との共生は仏教の根本思想である。

ブッダの本名は「ゴーダマ・シッダッタ」ゴーダマとは「最も優れた牛」、シッダッタとは「目的の成就」という意味で、牛は現在のインドでも最も神聖な動物である。

②Gurnemanz……Ja eine Verwünschte mag sie sein……die dorten ihr noch nicht vergeben……呪われた女かも知れぬ。……その罪を贖うため……

②－A　Kundry……Ich sah ihn—und lachte……わたしは彼を見た。そして笑った！

……

②グルネマンツ……〝その罪を贖うため〟（クンドリーの）……その罪とは？

かってイエスがゴルゴダの丘で磔刑にされた。その現場でイエスに対して嘲罵した為。その報いで輪廻の輪へ……第2幕⑨でクリングゾールが語り、第2幕幕切れ②－Aでクンドリー本人がその罪を語る。

③Gurnemanz……ein furchtbar schönes Weib hat ihn entzückt……

Titurel, der fromme Held der kannt' ihn who!……

恐るべき美しき女が彼を魅惑した。……敬虔なる先王ティトゥレルは彼をよくご存知であった。

③グルネマンツ……アンフォルタスがクリングゾールの奸計により聖槍を奪われたこと、そしてティトウレル王とクリングゾールの関係。前史が語られる。

④Gurnemanz……Durch Mitleid wissend der reine Tor hare sein den ich Erkor「同情によりて知を得るきよらかなる愚か者、我の選びたるその人を待て！」

④グルネマンツによって天の声を示す……アンフォルタスと騎士団救済のための条件である。

⑤白鳥射殺事件

⑤Gurnemanz……Unerhörtes Werk!……全くとんでもない事だ。

Parsifal……Ich wusste sie nicht……わたしは罪ということを知らなかった。

Gurnemanz……Wo bist du her?……お前は何処から来たのか？

Parsifal……Das Weiss ich nicht……わからない
グルネマンツがパルシファルに対して、とくとくと説諭する。

ヨーロッパ人は狩猟民族である。19世紀貴族社会では、野生動物を殺生し、それを食する「狩」が娯楽として盛んであった。なんら抵抗なく生活習慣、生活文化になっていた。なぜ、とくとくと説諭するのか？　やはりここでも不殺生、自然との共生という仏教理念が語られる。

そしてグルネマンツが少年に尋問する。何処から来た？　お前の父親は？　ここへ来た道は誰に教えてもらったか？　お前の名前は？……すべて知らない。

しかしクンドリーに2幕でパルシファル！　と呼ばれ、彼は覚醒する。⑤－A
ワーグナーの動物愛護への小論「エルンスト・フォン・ヴェーバー氏への公開状1879年」は医学において動物実験することとの反対声明文を著したものである。
⑥Kundry……Den Vaterlosen gebar die Mutter, als im Kampf erschlagen Gamuret…
…その母親は夫ガムーレットが戦死してから、この子を産んだのです。

Kundry……Zu End' ihr Gram, Seine Mutter ist tot,……悲しみも終わった。母は死んでしまった。

⑥パルシファルの出自、母から受けた教育（処世術）クンドリーが語る。そしてその母も死んだことを知らされる。グルネマンツに導かれ聖杯城へ。

⑦Gurnemanz……Doch rät dir Gurnemanz lass du hier Künftig die Schwäne In Ruh und suche dir Gänser, die Gans!

⑦グルネマンツ（不機嫌な面持ちで）……だがグルネマンツが言っておくが、ここでは白鳥のことをかまうなよ。バカ者のことだから鵞鳥《がちょう》でも探すがいい。

ブッダと鵞鳥のエピソードを含む聖典「サンガ・ベーダ・ヴァストゥ」（破僧事）の一節「一羽の鵞鳥がデーヴァダッタ（釈迦の弟子で極悪人、しかし後に改心、法華経では釈迦の善智識であった）の庭の上を飛んでいた。

デーヴァダッタはそれを矢で射た。それはボーディサットヴァ（菩薩）の庭に落ちた。ボーディサットヴァはそれを捕え、矢を抜いて傷の手当てをし、食べ物も与えたので鵞鳥は元気になった。デーヴァダッタはボーディサットヴァに言った。〝この鵞鳥は私が先に捕えたのです。それをこっちに下さい。〟ボーディサットヴァは言った。〝わたしが悟りに発心した丁度その時、わたしは生きとし生けるものをすべて「心で」捉えたのだ。〃……

善智識とは……仏教の正しい道理を教え、仏道へと導いてくれる人。

ワーグナーはこの一節をアントン・フォン・シーフナーの論文「チベット語による仏教の開祖シャキャームニの伝記」から得たのではないか？　このシーフナーの論稿を含むペテルブルグ・アカデミーの刊行物が出版当時からチューリッヒの中央図書館にあった可能性が高いことからワーグナーはチューリッヒ時代に知ったのではないかとH・オストホフ（1847〜1909ドイツの比較言語学者）は言っている。ワーグナーがこれらインドの説話集を耽読していたことが窺える。

第2幕

⑧「パルシファル」の舞台は、第1幕1場は中世スペインのモンサルヴァート城の近くの森の中。第1幕2場はモンサルヴァート城内の礼拝堂。第2幕クリングゾールの魔法の城。とあり注釈（ト書き）には同じ山の南側の中腹と指定されている。第3幕は聖杯城の領域から礼拝堂へとなっている。勿論モンサルヴァートという地名は架空の名前であるが、舞台の立地条件に似たような所がある。

バルセロナ近郊モンセラート山で、鋸状の奇岩が連なるところである。ここにはベネディクト会サンタ・マリア・モンセラート修道院がある。クリングゾールは破門されこの修道院（北側）とは反対側の山であったのであろう。ここがモデルと思われる。（現代建築史・ケネス・フランプトン著中村敏男訳青土社P120には、こう書いてある。ガウディの生涯を通じて絶えず現れる曲がりくねった形象とはバルセロナ近郊の山岳モンセラートであった。中世の伝説によれば、ワーグナーが楽劇「パルシファル」の中で讃えたように、聖杯はモンサルヴァートの城の中に秘匿されていたが、この城の位置がモンセラートであることが近年確認された。そして、そこの僧院にはカタルーニャの守護聖人が祀られている。ガウディは1866年僧院の仕事を初めて着手したが、爾来、この山の鋸歯のようにぎざぎざした輪郭にこだわり続け、生涯脳裏から離れなかったのである。）

ただし聖杯城の内部のデザインについては若きロシアの画家パウル・フォン・ジューコーフスキーの想像でシエナ大聖堂、バレンシア大聖堂等参考にしている。

⑨Klingsor……Urteufelin! Höllenrose! Herodias warst du, und was noch?
Gundryggia dort, Kundry hier

クリングゾール……魔女の元祖よ！　地獄のバラよ！　お前はヘロディアスであった。

そのほかの女でもあった。あちらではクンドリア、こちらではクンドリーだ。
⑨このクリングゾールの台詞がクンドリーの性格を現す重要なポイントになる。クンドリーはここ第二幕では、まだ輪廻転生が続いていることが判る。
ヘロディアスはイエスの時代ローマ軍の傀儡政治でパレスティナを統治していたヘロデ王の後妻でサロメの継母。キリストの処刑を見ていた。

クンドリアは12世紀に書かれた「パルツィヴァール」のヒロイン。そしてワーグナーのクンドリーである。およそ１９００年間転生していることになる。

輪廻転生

クンドリーというユニークで複雑な人格を持つ女性。ワーグナーが作り出した最も魅力的な女性である。輪廻転生を繰り返し（ヘロディアス↓クンドリア↓クンドリー）過去との時間のつながりのなかで解脱（心の浄化、欲望、愛欲の否定）から悟りの世界へと成就し転生に終止符がうたれる。インドの輪廻はバラモンが形成したバラモン教の思想である。この世界観は、生まれてくる存在は過去の行為によって決定されると言う業報思想が組込まれている。ブッダはこの輪廻思想に対して、否定も肯定もせず中道を堅持したが、ブッダの死後仏教にもこの思想がとりいれられる。(「スッタニパータ」並河孝儀著岩波書店)輪廻転生という思想は東洋に限ったものではない。ケルト神話では死を恐れない英雄的勇敢さを戦場で鼓舞させる為の思想であり、従ってこれらの戦士は獰猛果敢であった。「ワルキューレ」(台本完成1852年)でワルキューレたちは戦場で亡くなった英雄たちをせっせとワルハラへ持ち帰り、ヴァルグリンドと呼ばれる聖なる格子戸をくぐれば死体は蘇生し、もとの英雄に生まれ返り「再生」する。つまり北欧神話では主神オーディンの戦士としてワルハラで饗宴と戦いの日々に明け暮れ「英雄的な使者たち」は戦場で何度殺されても生き返る。ラグナロク(最終戦争)が訪れる日まで。

「パルシファル」のクンドリーの輪廻転生は、1856年5月散文草稿「勝利者たち」のヒロイン、プラクリティーのリメイクである。

⑩Klingsor……Ha! Wer dir trotzte, löste dich frei:versuch's mit dem Knaben, Der naht! お前に逆らう者がお前を救済するだろう。そこに近かずく若者で試してみるがいい。

⑩クリングゾールはクンドリーの輪廻転生からの解放をパルシファルによって救済されることを予告する。

⑪Klingsor……Ha! Ihr Wächter! Ho! Ritter!　いざ！　番兵たち！　騎士たちよ！

⑪クリングゾールはパルシファルに対し武器を持って襲いかかり、又魔法により花園が現れる。美しい女性を使って色仕掛けで、そして最後にクンドリーを使い誘惑させるが、いずれも成就しない。これはまさしくブッダの成道途上を執拗に妨害する降魔（悪魔＝クリングゾール）なのである。ワーグナーの意図するところはパルシファル＝ブッダなのであろう。

これを裏づける音楽は誠にエキゾチックな西洋には無いメロディーである。「パルシファル」は極めて多義性が強く幾重にも想像を描きめぐらせる。

⑤—A　kundry……Parsifal! Weile!　パルシファル！　止まりなさい！

Parsifal……Parsifal? so nannte träumend mich einst die Mutter……パルシファル？かって夢の中で母さんが、わたしをそう呼んだ。

⑫Parsifal……Dies alles-hab' ich nun geträumt?

⑫パルシファル……わたしは夢を見たのだろうか？

⑬Kundry……Nein, Parsifal, du tör'ger Reiner!　いいえ、パルシファル愚かにて清らかな人よ！

Fern-fern ist mein Heimat.……私のふるさとは遠い遠い所……

⑬パルシファルという名前の由来、母のパルシファルへの愛情、そして母の死。前史がクンドリーによって語られる。この場面の音楽はクンドリーのアリアとして演奏会で単独でよく歌われる。パルシファルを誘惑する序奏である。

⑭Kundry……Bekenntnis wird Schuld in Reue enden……告白は罪を後悔の中に終わらせ……

Der Liebe-ersten kuss.……愛の……この最初の接吻を！

⑭このときクンドリーは性欲によりパルシファルとの合一を図ろうと長い接吻で誘惑する。「パルシファル」の最重要場面である。

⑮Parsifal……Amfortas! アンフォルタス！

Die Wunde!- Die Wunde! あの傷！ あの傷！ Sie brennt mir hier zur Seite!

あの傷が私のわき腹で燃える！ O, Klage! Klage! Klage!……おゝ嘆き！ 嘆き！

Des Heilands Klage da vernehm ich, 救世主の嘆きを私は聞いた。die Klage ach!

die Klage あゝ嘆き！ あの嘆き um das entweihte Heiligtum Erlöse, rette mich

aus schuldbefleckten Händen! 聖なる物を汚したことへの嘆きが、救えよ我を罪に汚れし手から救いだせよ！

⑮しかし、そのキッスはクンドリーの思惑とは違った現象が起きる。パルシファルはクンドリーとのキッス（愛欲）とアンフォルタスの罪（愛欲）とが一つに重なり合い、アンフォルタスへの同情から共苦へと……そして新たな認識を得、〝愚かなる若者〟から回心し知を得る。

またパルシファルは〝救世主の嘆きを聞き、イエス・キリストをもアンフォルタス、クンドリーと共に救済する使命感が芽生える。

「キッス」という所作……「リング」と「パルシファル」の違い

「リング」でのキッスという所作と「パルシファル」でのキッスという所作とでは全く異なった意味の重要性がある。「パルシファル」第二幕終了間際クンドリーは性欲によりパルシファルとの合一を図ろうとディープ・キッスをし、誘惑する。しかし、そのキッスはクンドリーの思惑とは違った現象が起きる。パルシファルはクンドリーとのキッス（愛欲）とアンフォルタスの罪（クンドリーとの愛欲）とが一つに重なり合い、アンフォルタスへの同情から共苦へと。そしてパルシファルは新たな認識を得、〝愚かなる若者〟から回心し、知を得る。

Ａ・ショーペンハウアー著「意思と表象としての世界」を１８５４年９月に知り、１８５６年５月に「勝利者たち」を散文草稿し、仏教思想へと大転換している。クンドリーの強烈な性欲への欲望のキッスをパルシファルは性欲という煩悩を否定、滅却している。つまり「意思否定」しているのだ。そしてクンドリーへも「意思否定」（煩悩を断ち切る）の意味を教え輪廻からの解放を示唆する。堂々とした仏教理念が語られているのだ。

一方「リング」では「ワルキューレ」と「ジークフリート」で使っている。

「ワルキューレ」第三幕三場〝ヴォータンの告別〟でブリュンヒルデに対してヴォータンは神性を剥奪、人間として深い眠りへと誘う場面で眼にキッスをする。

また「ジークフリート」（台本は１８５１年に完成）第三幕三場ではブリュンヒルデの目覚めで、ジークフリートはブリュンヒルデに長いキッスをして長い眠りから目覚めさせる。そしてこのキッスは性愛へと進む。この台本を作成した時はＬ・フォイエルバッハに深く心酔していた時であった。
⑯Parsifal……Ein andres ist's- ein andres, ach!……
パルシファル……〝それとは違う泉……違う泉だ。

⑯その泉こそ、かの地の兄弟たちが恐ろしい困苦と戦いつつ、其の身を苦しめ殺しながら求めているのを私は見たのだ

難行苦行の菩薩のブッダと弟子たち（修行僧）のことを言っていると思われる。そして自身がそれを滅し、断念することによってのみ克服できるのだ。人間そのもの自体の存在、生、老、病、死。誕生から死までを四苦という。苦悩の起源についての聖なる真理とは？　喜びと貧りとを伴い、ここかしこに楽しみを見つける欲望（渇愛）のことである。……人間的存在が苦悩であるとすれば、その苦悩は何を原因とするのか。一つの原因は欲望（渇愛）である。それは渇えたものが水を求めてやまない状態にたとえられるから渇愛と呼ばれる。）（「佛教」渡辺照宏著岩波新書P97〜99）

⑯—A　klingsor……Halt da! Dich bann' ich mit der rechten Wehr!

Den Toren stelle mir seines Meisters Speer!

止まれ！　本当の武器でお前を呪縛するのだ！　この愚か者を、そいつの親方の槍でやっつけるのだ！

⑯—A　クリングゾールはパルシファルに槍を投げる。槍はパルシファルの頭上で浮か

んだまま、止まってしまう。

彼がその槍を取り十字に振ると魔法の城は瓦解する。つまり⑪⑫⑭ブッダの成道（悟り）途上をクリングゾールは執拗に妨害し、その総仕上げとしてパルシファルを成敗する為、槍を投げる。

ブッダの生涯でのクライマックス。菩提樹の下で座して深い瞑想に入り降魔を退け、遂に悟りを成し遂げた。ワーグナーは「クリングゾールが投げた槍がパルシファルの頭上でぴたっと止まる。」この発想をどこから得た発想でしょうか？　紀元前数世紀以後、有力な仏教の前線基地であったセイロン島地域に残る伝承に、似たようなものがある。

「……マーラ（悪魔）は自分の乗り物である象のギリメーカラにまたがると、その恐るべき円盤をぐるぐると振り回しながら王子に近づいて行った。そしてその円盤を彼に投げつけた。もしこの武器が大メール山に向かって投げられたならば、それは山をあたかも竹を割くように真っ二つにしてしまうだろう。もし海に投げられたならば、海水は干上がるだろう。もし天に投げられたならば十二年間は雨が降らなくなるだろう。それほど万能の力のある武器であったにもかかわらず、それは悟りを求めるこの王子には近づくことすら出来なかった。王子の大きな徳によって、それは一枚の枯れ葉さながらに空中を上へ下へと漂った。そして花の天蓋のように輝きながら王子の頭上に止まった。」（スペンス・ハーディ著「仏教入門」）この本を読んだ可能性は十分にある。そして次に、パルシファルは十字を切る。クリングゾールの魔法の城は瓦解する。キリスト教的に幕になる。

Parsifal……Du weisstwo du mich wiederfinden Kannst!

お前は知っていよう、わたしにどこで再び会えるかを！

クンドリーへの救済を予告する重要なセリフである。

第３幕

第２幕から十数年が経つと思われる。パルシファルはへとへとになった状態で片手に聖槍を持ち、やっと聖堂近くにたどり着く。第３幕導入部の音楽がそれを物語る。〝迷いと苦しみの道を通ってきました〟時間と空間を良く表し、陰鬱な迷いと苦しみの音楽である。

⑰Kundry……Dienen,……Dienen! 奉仕を……奉仕を！

⑰聖杯への奉仕を口にする。輪廻の輪からの解放、解脱（心の浄化、欲望、愛欲の否

定）が始まる。欲望の放棄と清らかな愛が「女性救済」の道なのである。最重要セリフである。

⑱Gurnemanz……Wie anders schreitet sie als sonst!

歩き方が以前とはずいぶん違う

⑱クンドリーの変貌に驚く。そしてパルシファルにより洗礼を受け、教団に受け入れられる。ここでもキリスト教と仏教が重なり合う。クンドリーは聖杯への奉仕とクリングゾールへの奉仕の二面性を持ち、この二つの務めの狭間にあるときは深いこん睡状態にあった。しかし、輪廻の輪からの解放、クリングゾールの魔法が解け、だんだんと慎ましい贖罪者へと変貌する。

グルネマンツはキリスト教、聖堂の番人というより、むしろインドの森で暮らす聖仙のごとくである。〃……草や木の根は誰にでもすぐに見つかる。我々は森の獣から習ったのだ。〃修行者の理想を語っている。

《パルシファル》第３幕，バイロイト1882年
Photo: W. Weirich, Bayreuth

「パルシファル」第３幕

Gurnemanz……Das wird dich wenig mühn!
Auf Botschaft sendet sich's Nicht mehr
Kräuter und Wurzeln findet ein jeder sich selbst

グルネマンツのこのインド的セリフ、イメージ的にはワーグナーは1855年ごろ「マハーバーラタ」大叙事詩とドイツの大叙事詩「ニーベルングの歌」との人類の共通性を探求していた時から温めていたもので、このインド大叙事詩には多く聖仙の話が出てくる。そしてこのヘルマン・オルデンベルグ（1854〜1920）の自著「佛陀」（1881年）を読んで決定的に確信した。この著にはこうある。

知あり識ある婆羅門徒は、子を求め財産を貪り世俗の幸福を願う事なく、乞食《こつじき》となりて遍歴す。世には此の如く甚だしからざる禁欲を以て満足する者多し、即ち彼らは実に其家を去り、所有、財寶および日常生活の愉快、享楽を棄つ。然れども彼らは家なくして遍歴するに非ず。森林の中に木葉の小屋を建て、或は一人、或は其妻と共に、森の樹根果実に命を維ぐ。……と。

キリスト教神秘主義者と原始仏教の同根説

A・ショーペンハウアーが言った言葉で、ワーグナーも同調している。

キリスト教神秘主義者

純粋無垢なキリスト教徒で清貧、祈り、托鉢（説教）を主とする。古くはアッシジの聖フランチェスコ（1182頃〜1226）、スペイン北部カスティリアの聖ドミニクス（1170頃〜1221）、ドイツチューリンゲンのエックハルト（1260頃〜1327／8）、彼らは農耕的霊性、禁欲を重んじ、托鉢修道者で自発的に行う清貧であり、純粋な愛、祈り、そして自分の意思（あらゆる煩悩）を滅却して神との合一のなかでの再生。ブッダの創始せる托鉢求道者団と「真理」を発見するための修練が同じである。とA・ショーペンハウアーは「意志と表象としての世界」のなかで言っている。（第3巻68節）しかし時代が進むと（13世紀ごろ）この托鉢修道士たちは仏教に見るように大乗仏教的に変化するものと、アッシジの聖フランチェスコのような清貧を重んじ、ローマとは一線を画す〈カタリ派〉的なエリート集団とに分かれる。そしてローマ教皇と教会の手兵となった托鉢修道士はローマ・カトリックの教義に従い「七つの秘跡」を確立させ、この秘跡によって世の人々を救済した。（「地獄と煉獄のはざまで」石坂尚武著　知泉書館）

ちなみに、ルネサンス期に起こった宗教改革、ルター、カルヴァンは教会の改革（贖罪の方法、聖像破壊運動等)、免罪符(受ける側の行為をも批判した)や聖職者の堕落を糾弾し、自身、内的には信仰を重んじた。三位一体神学の根本について異を唱えた訳ではない。

また、H・オルデンベルグは自著「佛陀」のなかで次のように言っている。

〝……更に轉じて我等は、原始佛教の教義的思想、殊に終始此観念世界の中心点となれる者、即ち一切地上の者皆苦なりてふ教、此苦悩の解脱、一切解脱を求むる努力の目的たる涅槃に論歩を向けざる可らす。同一の信仰と同一の解脱の努力に於て相一致せる総べての徒衆を、又外形的に同一の教團に結合せしむるは佛教並びに基督教に共通なる根本特徴なり。換言せば吾人は仏教的三位一體の式文に於て、佛、法と共に第三者として僧の呼ばるゝをみるなり。我等は此順序に従ふべし。〟と比較思想を論じている。

ワーグナーはA・ショーペンハウアー、H・オルデンベルグ、そしてアウグスト・フリードリヒ・グフレーラー(1803~1861歴史家、政治家)著「原始キリスト教史」を耽読して「パルシファル」の詩作の参考にした。

⑱—A ⑱—B イエス・キリスト(次項)

⑱—A A Gurnemanz……Gesegnet sei, du Reiner, durch das Reine!

清き人よ、清らかな水による祝福を受けよ！
⑱—A　グルネマンツは手で泉から水を汲み、パルシファルの頭にふりかける。
⑱—B　Parsifal……Du salbtest mir die Füsse, das Haupt nun salbe Titurels Genoss, dass heute noch als König er mich grüsse!
あなたは私の足に香油を塗ってくれた。つぎにティトゥレル王の友の頭に塗ってください。きょう彼が私を王として迎えるように！
⑱—B　グルネマンツが厳かに水をふりかけている間にクンドリーは胸から小さい黄金のびんを取り出し、その中身をパルシファルの足にそそぐ。ついで髪をとき、髪でそれを拭く。

イエスキリスト（対訳⑱—A　⑱—B）

イエスの誕生

ルカ伝によると、ダビデ家とその血筋に属していたヨセフも、すでに身ごもっていた許嫁のマリアを伴って登録のために、ガリラヤの町ナザレから、ユダヤのベツレヘムというダビデの町へ上がって行った。ところが二人がそこにいる間に、出産の日が満ちて、マリアは男の初子を生んだ。そして、その子を産着にくるみ、飼い葉桶に寝かせた。宿屋には彼らのために場所がなかったからである。ヨハネ伝に「ナザレのイエス」とあるようにイエスは中東の町ナザレで育った。かれはアラビア語やヘブライ語と同じようにセム語に属するアラム語を話した中東人である。

「洗礼」（マタイ伝３・13）

イエスはガリラヤからヨルダン川にいるヨハネのもとにくる。そしてイエスはヨハネに洗礼を受けることをヨルダン川河畔で願い出る。

弟子たちとイエスはエルサレムに向かって旅をしていた、途中イエスは弟子たちに、自らの受難が遠くないことを何度となく告げた。「人の子は人々の手に渡され殺される。しかし殺されて三日の後に復活する。」と語った。

一行の先頭に立つイエス。当初、彼に従う者はわずかだった。そして12人の弟子たちと出会う。ガリラヤを出て二年ほどの歳月を経てエルサレムに入るころには、彼によって救われた人々が群れを成していた。

この群れの中に出血病を患う女性がいた。女性は12年間この病気を患っていた。医者にいったが全くの改善の兆しが無く、いろいろな治療を受ける為、財産を無くした。この女性はイエスの後方を歩き、ふっとイエスの衣に触れた。すると、たちどころに血の源が乾き、病気が治った。

彼女はこの行為こそ、苦しみ、悲しみが彼女の信仰を育て、魂で育まれたものであり、信仰によって救われたと思ったのである。

エルサレムが近づくとイエスは二人の弟子に、近くの村に行ってロバを借りてくるように告げる。ユダヤの伝統ではロバに乗るとは、王たる者の象徴的な行為だった。それに乗りイエスはエルサレムに入ってゆく。そして神殿へと向かう。そこで彼は突然、周囲を驚かすような行動に出る。

過越の祭りが近づき、神殿は人があふれていた。イエスは神殿の境内で牛、羊、鳩を売る者や両替屋が座っているのを見た途端、縄で鞭を作り、牛や羊をことごとく境内から追い出し、両替屋の金をまき散らし、その台を倒して、鳩を売る者に言った。〝これらのものをここから運び出せ。わたしの父の家を商売の家にしてはならない。〟

エルサレムから少し離れたベタニアの地でイエスは、シモンという男の家にいた。この人物はかって重い皮膚病を患っていたがイエスによって癒されたのだった。この家でイエスは弟子たちと食卓を囲んでいた。すると突然ある女性が高価な香油をイエスの頭上から

注いだ。女性にとって香油は自分が表現しうる最も高い畏敬の象徴だった。（マタイ伝、マルコ伝）

また、ヨハネ伝では場所は同じベタニアであるが、ラザロの家になっている。ラザロには姉妹がいた。名前はマルタとマリアである。この家にイエスが訪れた時マルタは奥で給仕をし、ラザロはイエスと食卓を囲んだ。そしてマリアがイエスの足に香油を塗り、自らの髪の毛でその足を拭いた。と書かれている。香油は「非常に高価な純粋のナルドの香油」で、マリアが持参したのは1リットル。マリアがイエスに塗布すると香りは家いっぱいに広がった、と記されている。

他の三つの福音書に比べても、ヨハネ伝での香油の塗布をめぐる記述は、詳細かつ細緻にわたっている。

翌日イエスはエルサレムに入城している。「最後の晩餐」と称されている除酵祭の食卓を弟子たちと囲むのはそれから五日後、その日のうちにイエスは逮捕され、翌日、十字架にかけられ殺される。共観福音書によると逝ったのは午後三時を過ぎた頃だった。この期間の出来事を「イエスの受難」という。

除酵祭の日になり、晩餐の時間を迎えた。イエスと共に弟子たちも席に着いた。するとイエスはこう語り始める。

「わたしは苦しみを受ける前に、あなた方と共に、この過越の食事をすることを切に望んでいた。あなた方に言っておくが、神の国で過越が成就されるまでは、もう二度と過越の食事をすることは無い。」（ルカ伝22）……切迫する最期を前に、イエスが弟子たちに残したのが食事という経験だった。……この時の食事は「最後の晩餐」と呼ばれる。……このときイエスは弟子たちに「パン」と「ぶどう酒」をみずからの象徴として与えた。イエスはパンを取り、感謝を捧げてそれを裂き、使徒たちに与えて仰せになった。「これはあなた方のために与えられる私の体である。これを私の記念として行いなさい。」食事を終えると、ぶどう酒の入った杯も同じようにして仰せになった。「この杯は、あなた方のために流される私の血による新しい契約である。」（ルカ伝22）

ミサは、イエスの最後の晩餐を再現する。信徒はその時、永遠の食卓に招かれる。そこで信徒は、イエスが行ったように「パン」をキリストの「体」すなわち神の実在の象徴として受ける。ここでの「パン」と「ぶどう酒」を聖体と呼ぶ。

それを信徒が受け取ることを聖体拝領という。

今日、聖体拝領の秘儀ともいうべき聖性は、カトリックの中ですら改めて言及されることが少なくなってしまった。だがミサは、単なる儀礼として存在してきたのではなかった。参与してきた人々にとってそれは、「神」と交わり、死者と語らう営みだった。さらに言えばミサは「受肉」の秘儀の追体験でもある。ここでの受肉とは、イエスに於いて実現された人間と神が不可分に存在している絶対的状態を指す。

ナルドの香油

ナルドは和名「甘松香」という薬用植物である。今日でもアロマセラピーに用いる精油として流通していて、「スパイクナード」と呼ばれている。

イエスの時代にはまだ蒸気などで芳香成分を抽出して精油を生成する技術が確立されていない。当時はオリーブ油などに植物をつけた「香油」が用いられた。「甘松香」はインド・ヒマラヤ地方が原産で、根の部分を使う。当時のエルサレムでは、極めて希少な、また高価な油だった。この油をマリアはどうやって手に入れたかは、福音書には記されていない。

インドの奥地、ヒマラヤ原産の植物が、ローマ帝国内の領土に入り、市井の人々の日常生活にちかいところで用いられているという事実は、インドあるいは東洋の様々な文化が、ローマ帝国内に浸透していたことを示唆している。

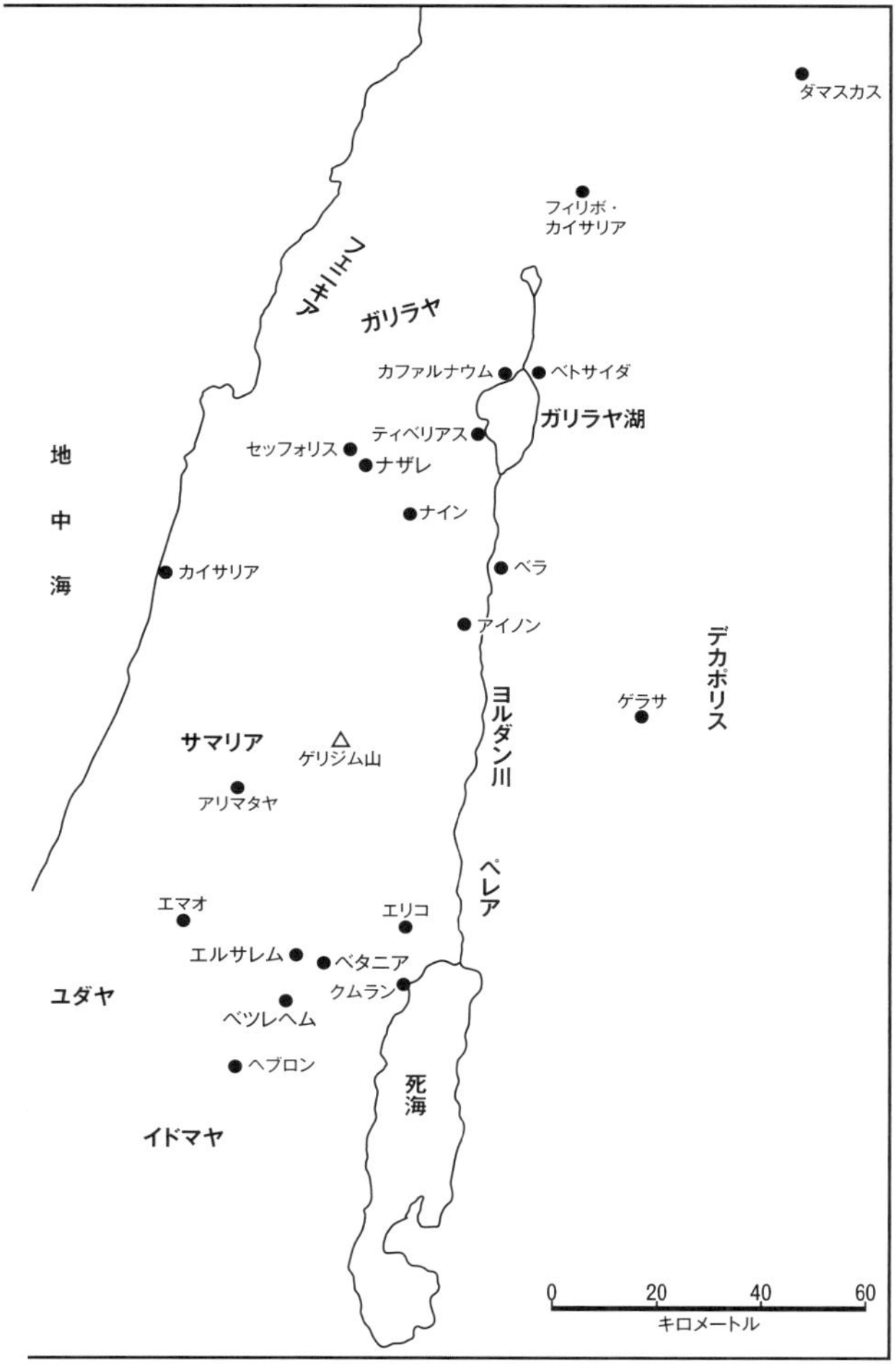
ダマスカス
フィリポ・
カイサリア
フェニキア
ガリラヤ
カファルナウム
ベトサイダ
ガリラヤ湖
ティベリアス
セッフォリス
ナザレ
ナイン
地
中
海
カイサリア
ベラ
アイノン
デカポリス
ヨルダン川
ゲラサ
サマリア
ゲリジム山
アリマタヤ
ペレア
エマオ
エリコ
エルサレム
ベタニア
クムラン
ユダヤ
ベツレヘム
ヘブロン
死
海
イドマヤ
0
20
40
60
キロメートル

イエスの時代のパレスチナ

1世紀後半、ローマ軍の軍医だったペタニウス・ディオスコリデスによって、東洋西洋双方の薬草の働きが記された「薬物誌」が著される。彼はイエスの没後、程ない時期に生まれ、軍医としてさまざまな地に遠征、紀元90年ごろ死亡した。この著書と福音書が書き始められた頃とはほぼ同時期であった。

ナルドの香油の存在が示しているように、この時代すでに医学だけでなく哲学、宗教の文化もまた、この時代すでに東西の交わりが始まっていたことを強く暗示している。（若松英輔著「イエス伝」中央公論新社）

ここで1849年1月に描かれた「ナザレのイエス」草案を記す。象徴的イエスでなく、人間イエスを描きたかった。（ワーグナー）

1幕、取税人レビの家の前で。謀反者ユダとバラバ。愛の教えを説くイエス。

2幕、ガリラヤ湖畔、イエスの説教。

3幕、エルサレムへの入城。

4幕、最後の晩餐とゲッセマネの園。

5幕、ピラト邸。判決↓処刑、その場から帰ってきた二人のマリアとヨハネの口からイエスの生涯と将来の希望が語られる。完。

⑲聖金曜日の奇跡……音楽がすばらしい！

⑲パルシファル……わたしの最初の勤めをこのようにやります。（クンドリーのほうに身をかがめ彼女の顔を水でしめす。）この洗礼を受け、救世主を信じよ！

⑲Parsifal……Mein erstes Amt verricht' ich so-Die Taufe nimm und glaub' an den Erlöser!

（クンドリーは頭を低く地にたれ、激しく泣いている様子、パルシファルは眼を転じて朝の日に輝いている森や草原を見つめる。）

Parsifal……Wie dünkt mich doch die Aus heut so schön! ……

草原が今日はなんと美しくみえることでしょう！

Gurnemanz……Das ist……Karfreitagszauber, Herr!

これこそ……聖金曜日の奇跡なのです！

Parsifal……O wehe des höchsten Schmerzentage!……

おぉ、この最高の苦痛の日の悲しみよ！

Gurnemanz……der fühlt sich frei von Sündenlast und grauen, durch Gottes Liebesopfer rein und heil.……罪の重荷や苦しみから解放され、神の愛の犠牲により、清らかになったと感じるのです。

「パルシファル」の中で最も混じりけのない美しい旋律。重たい劇中、この音楽でひととき心洗われる。生きとし生けるもの、自然と人間がいかに調和し適応するか、森羅万象すべてと共生する（ワーグナーはプロテスタントの聖金曜日を想定している）。

グルネマンツ……罪人の悔みの涙が今日は神聖な露と共に野や原をうるおし、このように茂らせるのです。

そこで生きとし生きるものは、救世主のやさしい恵みを喜び、祈りを捧げようとしているのです。かれらは十字架の主を見ることが出来ぬので、救われた人を仰ぎ見るのです。……今日は人間の足で踏みつぶされることのないことを野の草や花も感じているのです。……

自然と人間との共生……生命の一体感への讃歌。

⑳Amfortas……Tod! -Sterben! Einz'ge Gnade!…… 〝死……死……それこそは唯一の慈悲なのです〟

⑳アンフォルタスは一向に治癒しない脇腹の傷により、苦痛に耐え難く死を望んでいる。聖杯騎士たちは指導者を失い、騎士団を護る力も萎え機能不能となっている。

㉑そこへパルシファルが聖槍を持ち現われアンフォルタスの傷口にふれる。

㉑Parsifal……Nur eine Waffe taugt- die Wunde schliesst der Speer nur, der sie schlug,

〝ただ一つの武器だけがその傷を閉ざすのに役に立つ。そはその傷を作りし槍〟

アンフォルタスの顔は聖なる歓喜に輝き……すこやかとなる。

Sei heil, entsündigt und gesühnt! Denn ich verwalte nun dein Amt.……罪を償いたまえ、あなたの勤めは私が替わって行いましょう。……

Den heil'gen Speer ich bring' ihn euch zurück!

この聖なる槍をあなたがたの許に、取り返してきました！

Nicht soll der mehr verschlossen sein Enthüllet den Gral, öffnet den Schrein! 聖杯はもはや隠されている時ではない。覆いを取って厨子を開け！

聖杯王となったパルシファル、ご開帳となり儀式を執り行う。

㉒Knaben,Jünglinge und Ritter……Höchsten Heiles Wunder!

Erlösung dem Erlöser!

㉒聖堂の高所から〝救いをもたらす者に救いを〟

パルシファルが第二幕で聞いた救世主イエス…キリストの嘆き⑮共苦がこれに対応する。つまりパルシファルはイエスをも救済し、釈迦が修行時（菩薩）難行苦行⑪⑫することと、イエス・キリストが衆生のあらゆる罪を一身に引き受け（原罪）イエスの嘆きとが重なり合う。パルシファルは常人の不可能とする行為を見事に完遂するのである。そして聖王となったパルシファルはまさしく釈迦の悟りの姿である。

一方のクンドリーはパルシファルによって洗礼を受けた後、聖杯王となったパルシファルを崇拝し、床に崩れ落ち息を引き取る。

クンドリーは苦の原因となる煩悩（性欲）が消滅し解脱、輪廻の輪から永遠に解放されたのである。そして涅槃＝ニルヴァーナへと向かうのである。

涅槃……サンスクリット語のニルヴァーナの音写である。一般的にはゴータマ・ブッダの死を思い浮かべるが、貪りや妄執などの煩悩をなくし、所有欲や執着を捨て寂静で執着を乗り越えた境地のこと。

イエスかブッダか？

ワーグナーはこの「パルシファル」で言いたかったのは、パルシファル＝釈迦であったのではないだろうか。

彼は「リング」を描き終わった時、自分の作品について輪廻転生していることを見出す。「リング」であのような結末になり、ワーグナー研究者、学者は神と人間との普遍的な繋がりを見失う。しかしワーグナーにとってヴォータンは神ではなくユダヤの傲慢で強欲な人間と捉えていたのだ。

そして地上の腐敗を一掃する為、ヴォータンの欲望の放棄はもとより、ブリュンヒルデの自己犠牲によって人間世界は平静がたもたれた。一方、聖王として人智を凌駕する人物へと昇華するパルシファルが登場する。まさしくその姿はブッダである。

「死」を一貫したテーマ「さまよえるオランダ人」から「ニーベルングの指輪」まで描いて来たワーグナーがこの「パルシファル」で、はじめて「生」、「歓喜」へとテーマが変貌する。まさに作品輪廻から解放された作品なのである。

諸芸術を混合する傾向、遥かなるもの、未知なるものに対する憧憬、これが「パルシファル」である。

ワーグナー語録

＊「純粋無垢のキリスト教は畏敬すべき仏教の一支流にほかなりません」（1855年6月リスト宛の手紙）

＊「誰よりも輝ける完成した人なるブッダの戒律に依れば、心に重荷を負うものは、教団の仲間達の前でその罪を大きな声で告白し、そうすることによってのみ、その重荷から解放されます。わたしがどのように知らず知らずのうちに仏教徒になったかあなたはご存知でしょう」（1859年2月22日マティルデ宛の手紙）

＊そして後年、死の3日前1883年2月10日愛娘ダニエラはワーグナーが気候を理由にセイロンに移り住みたいという強い願望を抱いていたと記している。「かなう事ならセイロンへ亡命出来たら最高だな。こう日が短くては憂鬱になるよ。まるで冬が永遠に続くみたいだ。」

やはり運命が望んだのであろうか最後の時に至って彼の心を占めていたのは仏教への並々ならぬ憧れ、他ならぬブッダの姿であった。インド精神世界はドイツ・ロマン派ワーグナーの理想郷であったに違いない。

ワーグナーの足跡を訪ねて……（2015年10月26日〜28日）

シチリア島パレルモSICILIA……PALERMO。

ミラノ・リナーテ空港からパレルモへ。ミラノ市内からリナーテ空港への途中、またもや名物の濃霧が徐々に発生、空港もフライト時には何も見えない。しかし彼らは慣れたものでへっちゃらだ。定刻出発。無事パレルモに到着。

到着後夕食のため市内のレストランへ、途中マッシモ歌劇場の外観をみる。明日は此の劇場で「魔笛」を見ることになっている。

また、映画「ゴッドファーザー

マッシモ歌劇場（下）正面階段（上）

・パートⅢ」に、この歌劇場の正面階段がクライマックス・シーンに登場、世界的に有名になる。このときの音楽がP・マスカーニ作曲オペラ「カヴァレリア・ルスティカーナ」であり強奏される。多くのファンを魅了した。

我々のホテルはGrand Hotel Et des Palmes（Albergo Palme）。市内でもやや海岸に近い位置にあり格式のあるホテルである。このホテルにワーグナー一党が宿泊「パルシファル」を仕上げた。またルノワールに懇願され肖像画を描かせたホテルでもある。

ワーグナー夫妻と随行した中にはジューコーフスキー、ヨーゼフ・ルービンシュテイン（ロシア系ユダヤ人）がいる。１８８１年11月22日朝ワーグナーはパレルモに着く。バイエルン王ルードヴィヒ二世への手紙には〈太陽！　太陽！〉ナポリではたった一日過ごしただけでしたが、あらゆる物の上にふりそそぐ光の海に目を開けていられぬほどでした。それから夜行の船便に乗りすばらしい月明かりを甲板で楽しみながら、あくる朝パレルモに着きました。〈おう！　太陽と温暖な気候、見渡すかぎりが鈴なりに実をつけたオレンジの木の庭や森です。〉……〈じつにいいホテルが見つかったのです〉……

到着早々彼は第３幕の総譜化にかかった。そして１８８２年１月13日ようやくこの作品を完成することができたのである。

その前日、ルノワールが訪問している。〃是非先生にお目にかかってご挨拶をしたいのでお許しを頂きたい。〃彼を迎えたのはジューコーフスキーで、〃先生は今丁度「パルシファル」の最後の譜面を書いておられ、病的に神経が昂ぶって食事もろくに取られぬような状態なので今日のところはお会いできない。〃翌日の午後出直してきたルノワールはワーグナーとの出会いの様子を次のように書いている。「私は厚い絨毯で柔らげられた足音を

(Albergo Palme 玄関とロビー)

聞く。足音の主は黒い繻子の裏をつけた大きな袖のあるビロードの上衣を着た巨匠である。すこぶる美男子の彼は、また大変に愛想がよく私に手を差し伸べ、挨拶のために立ち上がったわたしに再び腰を掛けるようにすすめた。」……そしてルノワールはスケッチを開始する。……最後にワーグナーは出来上がった絵を見、〈おやおや、わたしはプロテスタントの牧師みたいですねぇ〉（「ワーグナー」C・フォン・ヴェスレルンハーゲン著　三光長治、高辻知義訳、白水社P748〜752）

私は作曲当時の部屋の見学をホテルのフロントに依頼した。現在ガランとした空き室になっている。かなり大きなサロン風の部屋で、丁度わたしの部屋と極近であった。案内人の御嬢さんは、たまにイベント会場になったりすると言っていた。

ワーグナーはこのパレルモに4月半ばまで逗留し、7月からバイロイトでこの「パルシファル」を練習、1882年7月26日バイロイト祝祭劇場にて初演、指揮はヘルマン・レーヴィであった。そしてこの公演の最終公演8月29日ワーグナーは第3幕場面転換の音楽の途中からレーヴィに代わり自ら終幕まで指揮をしたのである。

9月ヴェネチアへ家族と共に保養に行く。ここがワーグナーの終焉の地となる。時にそれは1883年2月13日であった。

パルシファル第3幕を作曲した部屋

「パルシファル」はキリスト教の舞台神聖祭典劇なのか？

「パルシファル」にはキリスト教の聖遺物、秘跡等が象徴的に舞台で見ることが出来る。そして、この作品の根底にあるキリスト教は、原始キリスト教であり、キリスト教神秘主義とも言われるものである。戒律を重視、世俗の人々の救済より自力信仰、純粋無垢な祈り、瞑想を主とし、清貧を重んじた乞食（こつじき）、あるいは自給自足の生活、そしてその中で、三位一体「父と子と聖霊」を崇め帰依し、真理を探究してゆくことである。

ワーグナーは自分が生きている時代の近代キリスト教「教会聖職者を介した信仰」を激しく批判した。つまりワーグナーはイエス↓神秘主義者↓ルターへの流れに基づくキリスト教への理念を求めた。（第二幕での秘跡＝洗礼は教会内（屋内）でなく屋外（青天）泉のふちである。屋内でする演出もあるが、それらはワーグナーの意図（台本）を理解しているのだろうか？）

ヘーゲル的でなく、上述の純粋無垢なキリスト教神秘主義が彼のイディー（理念）である。そして真理を探究する修練が原始佛教と同じである。と言わせたわけである。「純粋無垢のキリスト教は畏敬すべき仏教の一支流にほかなりません。」（リストへの手紙1855／06／07）

ワーグナーはアルツゥール・ショーペンハウアーの「意思と表象としての世界」を知ったのは1854年9月である。1855年3月ウジェーヌ・ビュルヌフが著した「インド仏教史序説」を読み、その中の一つの物語から1856年5月仏教的楽劇「勝利者たち」を散文草稿した。この物語の主要テーマは「輪廻転生」「カースト制度（身分制度）」の箍からの「女性の救済」である。そして1877年4月「パルシファル」の台本が完成する。

「パルシファル」のクンドリーと、「勝利者たち」のプラクリティ、このふたりの女性に共通したテーマ〈愛欲の放棄によって輪廻転生からの解放〉である。

このように、ワーグナーは古代ギリシャ、ゲルマン神話からインド精神世界へと大転換してゆく。ショーペンハウアーが唱え、ワーグナーが同調した「キリスト教神秘主義と原始仏教は同根である」という説が「パルシファル」の極めて重要なポイントになる。

古代インドの二大民族叙事詩「ラーマーヤナ」「マハーバーラタ」この大叙事詩とドイツの大叙事詩「ニーベルングの歌」との人類の共通性を探求。ワーグナーはゲルマン人とクシャトリア階級（カースト制度の王族、武士）のアーリア人が一緒ではなかったか、と言っている。

1873年5月「リグ・ヴェータ」4巻、ジュディット・ゴーチエから誕生祝に送られ終生愛読している。

またH・オルテンベルグ著「ブッダその生涯、その教え、その教団」が仏教に関しての教科書の一つである。

純粋無垢なキリスト教と原始仏教を教本にし、イエス・キリスト、佛陀を通して「純粋な人間的なもの」世の東西を問わず真理を追求、「信仰＝祈り、瞑想」、「愛＝慈悲」「欲望、執着の放棄（解脱）」をもって、ついにパルシファルを聖王へと成就させます。そして、今までの作品、ワーグナー流「生への意思否定」から「生↓歓喜」へと変貌する。まさに、これが「パルシファル」である。

そして「パルシファル」

「パルシファル」の主要テーマは「欲望、執着の放棄」「輪廻転生からの女性の救済」「自然との共生」である。これら全てが釈迦の教え、つまり仏教の理念である。

アンフォルタスは性欲（煩悩）により、聖遺物とされる聖槍をクリングゾールに奪取され、その聖槍で瀕死の傷を負う（前史）。

天からの神託で「同情により知を得る清らかな愚か者を待て」アンフォルタスの傷の治癒と騎士団を救済する条件である。

そしてまたクンドリーはアンフォルタス同様、性欲によりパルシファルとの合一を欲し、激しく接吻をする。しかし、パルシファルはアンフォルタスと違った反応をする。

〈Mitleid〉同情＝共苦を体験する、と同時に知を得、新たな認識（救済する使命）が芽生える。

ワーグナーはこの「共苦」という意味を仏教による慈悲、叡智（智慧）等まで広範囲に解釈した。

輪廻の輪からの解放は自分の力（自力）で欲望（性欲）を放棄（解脱）することであり、決して他人が救えるものではないと、パルシファルは自力で「欲望の放棄」をクンドリーに教える。「勝利者たち」のブッダはプラクリティに……と同じストーリーである。

堂々とした仏教理念をパルシファルに語らせている。

第一幕の聖餐式では司祭がいないのに、まことしやかにパンとワインを受けている。(聖体拝領) 司祭に代わり、円天井からの声だけが聞こえてくる。

劇の進行 (歴史的な時間) 第二幕と、第三幕の洗礼、香油を足へ塗布する等、聖書に描かれたパーフォーマンスとが歴史的、時間的に辻褄が合わない。

福音書によれば、第三幕の秘蹟が行なわれたのはイエスが処刑される一週間前のことである。

つまり第二幕でパルシファルは〝救世主の嘆きを私は聴いた〟と言っている。

パルシファルは救世主イエス (紀元前後) の話が聴けるはずが無いが、歴史的な時空を越えて、キッス後に新たな認識が芽生えイエス・キリストをも救済するのである。

また、クンドリーは〝わたしは彼 (イエス) を見た……そして笑った……〟と言っている。この台詞の前に (第二幕冒頭) ワーグナーはクリングゾールに言わせている。〝魔女の元祖よ! 地獄のばらよ! おまえはヘロディアスであった。あちらではクンドリア、こちらではクンドリーだ。〟

ということは、クンドリーはヘロディアス (サロメの継母) であった。そしてイエス・

キリスト磔刑のときに笑い、嘲罵した為、輪廻の輪にはまって約1900年間、転生している計算なのだ。
クンドリーは第一幕、第二幕では輪廻転生のまま再現されるが、第二幕終わりにパルシファルはクンドリーに〝お前は知っていよう、私にどこで再び会えるかを！ と救済の予告をする。第三幕で〝奉仕を……奉仕を……〟と聖杯への奉仕をクンドリーが口にする。その後すぐグルネマンツが〝……歩き方が以前とは随分違う！ 今日の神聖な日が作用したのか？〟……という台詞、ここでクンドリーは解脱がはじまり、第二幕終わりのパルシファルの言葉通り、第三幕ここで再会、クンドリーを救済するのである。クンドリーは欲望の放棄、自力よって輪廻の輪から抜け出し、慎ましい贖罪者へと変貌する。欲望の放棄と清らかな愛がクンドリー救済の道であった。満願成就、息絶えニルヴァーナ（涅槃）へとゆく。（地獄でなく天国へ）
劇中、「パルシファル」のキリスト教解釈はキリスト教神秘主義者による自力本願であるが、教会聖職者による世俗の人々の救済を主力とした他力本願とが入り混じっている。それが第三幕〈騎士たちの合唱〉である。
第一の騎士＝アンフォルタス・サイド＝教会聖職者たちのようにも思われる。

第二の騎士＝ティトゥレル・サイド＝キリスト教神秘主義者たちである。

前述の事項を一つ一つ吟味するとワーグナーの自己流ドラマツゥルギーであることがわかる。

日本の歌舞伎でも時空を越えた、辻褄の合わないものがドラマツゥルギーとして多く使用されていることは周知の通りである。

「キリスト教神話」の著者アーサー・ドルーズは非キリスト者の立場から、テオドール・シュミットはイエズス派の立場から「パルシファル」はキリスト教思想の発現であるとの見方に反対した。

またリストの内縁の妻ヴィトゲンシュタイン公爵夫人はこの祭典劇を秘蹟の「パロディ」であり、キリスト教信仰のもっとも神聖なものが、ここで面うちを食らわされた。と言った。（「リヒャルト・ワーグナーの芸術」渡辺護著　音楽の友社Ｐ５０２）

そして現在の聖職者、教会関係者（信者を含む）がヴィーラント・ワーグナーの「パルシファル」の舞台（１９５１年〜６５）を見て〝著しく違っている、キリスト教を真似ているだけ〟と言わせた。

1878年ニーチェはワーグナーと決定的に離反した。その理由の一つに「パルシファル」の草稿をワーグナーが献本した時ニーチェは、以前より反キリスト教を自認していたワーグナーに対し、キリスト教への接近であると皮相的解釈をした。「パルシファル」がはたして、キリスト教劇であるのだろうか？

ワーグナーのドラマツゥルギー、作劇法として舞台が美しく、儀式が荘厳で、感動的な宗教的舞台でなければならないのである。そして又一方では底辺に流れる〈共苦、輪廻からの女性の救済〉等仏教的理念が語られるが、ヨーロッパの人々には概念的（キリスト教でもあり、仏教的でもありというふうに）に捉えるだけで、深く理解できていない。

ニーチェもしかり？　なるほど舞台はキリスト教的象徴（ヨーロッパ人に判り易いので聖遺物、秘蹟がちりばめられている。そしてクライマックスはパルシファルが聖槍の鉾先をアンフォルタスの傷口にあてると、たちまちその傷が治癒する場面）であるが台詞は1〜3幕に至るまで仏教的な言い回しが多く認められ、特にクンドリーという女性を理解するにはキリスト教とは全く違った東洋の精神世界のカオスから生まれた輪廻転生の思想。これが必要ではないだろうか。

「パルシファル」のクライマックス相関図

真理への道へ・・ブッダのイメージ
教団を救済し聖杯王へ
叡智、慈悲の心に目覚める

パルシファル **キッス** クンドリー

アンフォルタスへの同情共苦

アンフォルタスを聖槍にて・・・・・ 救済

性欲という煩悩を滅却し
輪廻からの解放を教えられる。そして
輪廻転生から解放され
純粋無垢な信仰者に。
洗礼を受け、満願成就
涅槃（ニルヴァーナ）へ

天使の声“救済者に救済を”イエスをも救済する。

「パルシファル」におけるワーグナーのドラマトゥルギー（作劇法）

このまま東洋思想を舞台に上げても、ヨーロッパの人達にはチンプンカンプンだろう。どうしたらよいか？　ワーグナーは思案した。そうだ！　舞台にキリスト教の聖遺物、秘跡をちりばめること、歴史的パーフォーマンスを自由に時空を越え使用することだ！　そしてクライマックスはパルシファルが聖槍の鉾先をアンフォルタスの傷口にあてると、たちまちその傷が治癒する。これだ！

ヨーロッパ人の「心根」キリスト教をどうしても放棄できない。

ドイツ・ロマン派ワーグナーにとっては、事実より自由な発想、想像が極めて重要だったのである。ドラマツゥルギーとして、この自由な発想、想像がパルシファル自身を通して、イエスをも救済する。そしてこのドラマの通低に流れるインド精神世界がまさしくブッダの境涯への憧れとなって表現されているのである。

「神々の黄昏」で神は誰も居なくなった。つまり「よすが」をなくす。替わって「よすが」として出てきたのがパルシファルではなかろうか？

ショーペンハウアーについて大いなる誤解

1854年9月A・ショーペンハウアーの著書「意思と表象としての世界」を友人ゲオルグ・ヘルヴェークからワーグナーは借用する。

A・ショーペンハウアーの本を読んで、ワーグナーは「生への意思否定」こそ現世の絆を断ち切る唯一の救いであると書かれていた。と言っている。そしてそんなことなら、私はとっくに親しみ深いものになっていますよ〜と言った。

成る程、「生への意思否定」悲劇的諦念こそ、彼の全作品の中心思想である。

「オランダ人」……オランダ人＝ゼンタ、「タンホイザー」……タンホイザー＝エリザベート、「ローエングリーン」……？？？＝エルザ、「トリスタンとイゾルデ」……トリスタン＝イゾルデ、「リング」……ジークフリート＝ブリュンヒルデ達で、死をもって成就を願うのである。

しかし、A・ショーペンハウアーはワーグナーが言っている「生への意思否定」でなく、「意思否定」と言っているのだ！

この意味は前述の通りであるが、ワーグナーはごちゃ混ぜにしている。

ワーグナー曰く、〝私がショーペンハウアーに台本「ニーベルングの指輪」を送って、批評等コメントを頂きたい、と言ったけれども何のコメントもなく無視された。ははーん、この無視は私の台本を読んで俺（ショーペンハウアー）より先に「生への意思否定」を意味する台本を書いているではないか！　と驚いて腹を立てているのに間違えない。〃と、手前勝手な事をワーグナーが言ったことで、「意思否定」とごちゃ混ぜに考えをし、誤解している証拠となったのである。

それでは、A・ショーペンハウアーの「意思否定」とは……もう一度確認する。

自分の意志の働きを否定することだ。欲望（あれが欲しい、これが欲しい）が起こって自分を急がし、せき立ててきても、それに応じないことである。

簡単に言えば、煩悩（あらゆる欲望、執着）を蹴散らかして滅却し（解脱）、悟りの境地に達する事であり、人間の意志とは？……自我である。この自我を否定するのである。

つまり、「ワルキューレ」第二幕二場でのヴォータンの長〜い語り、これはA・ショーペンハウアーを知る前に「意思否定」の同意味を判って描いたのではなくヴォータンというユダヤの成功者の没落、終末を願って台本を書いたと思う。またジークフリートとブリュンヒルデの二人は死をもって成就を願うワーグナー流「生への意思否定」である。ワーグナー流「生への意思否定」とA・ショーペンハウアーの「意思否定」とは全く意味が違うが「パルシファル」では「意思否定」の意味を正しく修正している。

このA・ショーペンハウアー思想の「意思否定」が色濃く出ている作品が「パルシファル」である。

「パルシファル」と他の作品との関連性の考察

「タンホイザー」の最後の場面
「タンホイザー」第三幕の有名な「強制巡礼ローマ語り」のなかで、枯れたローマ法皇の杖に新芽が吹き、花が咲くまでタンホイザーの罪はゆるされない。と贖罪を課す。しかしその枯れた杖に花が咲き、奇跡が起きタンホイザーは罪を許される。このことはローマ法皇に助けられたのではなく、エリザベートの自己犠牲によりイエス・キリスト（聖母マリア）の奇跡によって助けられたものなのである。だから今度はパルシファルが人間イエスを助ける。それが「パルシファル」の最後の場面〝救済者に救済を〟……なのである。
「ローエングリーン」
「ローエングリーン」では第三幕三場でローエングリーンが大見得を切る場面、聖杯、聖槍の意味を語る。生命に対する象徴で……〝年ごとに一羽の鳩が天より降り、その霊験の力を新たに強めるのです。〟

そして

Vom Gral ward ich zu euch daher gesandt, われはグラールからここへ送られた騎士、Mein Vater Parzival tragt seine Krone, わが父（庇護者）パルツィファルは聖杯騎士の王であり、

Sein Ritter ich-bin Lohengrin genannt. その騎士たる私はローエングリーンと呼ばれる。

ここにも「パルシファル」との関連性がみてとれる。ワーグナーは集大成「パルシファル」の制作にあたり、彼の全作品のテーマの関連性を輪廻の輪のように考え、遂に「パルシファル」で輪廻転生の輪から解放されるのである。このことは看過できない極めて重要なポイントである。

コジマ・ワーグナー（1837／12／24〜1930／04／01）93歳歿

＊出生、生い立ち、結婚

1837年12月24日コモ市（コモ湖畔）ホテル「アンジェロ」で生まれる。洗礼名はフランチェスカ・ガエターナ・コージマ

父フランツ・リスト、母マリー・カトリーヌ・ゾフィー・ダグー伯爵夫人。二人は、結婚はしていないがすぐに認知する。

当時の貴族階級の慣例により生まれるとすぐに乳母にゆだねる、姉ブランディーヌはスイス。コジマはジェノヴァへ3年後パリに帰り、リストの母アンナに預ける。8歳の時寄宿舎附きの学校へ、正式に教育を受ける。

その後リストとマリーは……リストは演奏旅行、マリーはひとり置いてけぼり、という

生活になり、お互い疎遠になる。

そんな折、リストは演奏旅行中1847年2月、カロリーヌ・サン・ヴィトゲンシュタイン公妃（ポーランド女性で、大地主の娘、その時29歳）と会う。

1848年リストは演奏者のみならず、作曲、指揮法を勉強。ワイマール近郊アルテンブルグに定住。また「未来音楽」をワーグナーと話し合い、意見が一致、以後親交を結ぶ。

コジマはリストと公妃から強烈なカトリック的宗教心を身に付ける。

そして1850年パリに住むコジマのもとへ公妃の召使いパテルシ夫人を教育係りとして派遣、コジマは英語、ドイツ語を習得。シェークスピア、シラーを愛読した。

1853年11月16歳の時パリで、ワーグナーに初めて出会う。リスト、公妃、その娘マリーと、ブランディーヌ、弟ダーニエル達。そしてベルリオーズもいた。ワーグナーは中でも品の良い、若々しい公女マリーを「童女」とあがめ、後に「リング」のフライアへのライト・モチーフのイメージを想起した。

ハンス・フォン・ビューロ（1830／01／08～1894／02／12指揮者、ピアノ奏者、男爵家の御曹司）

1850年10月カール・リッターの紹介でワーグナーに会い指揮法を学ぶ。性格は優柔不断、自己懐疑的……また神経衰弱、怒りの発作等持病をもっていた。ビューロはリストの一番弟子であるが師弟関係を越え、リストを父親として崇めた。

コジマ1855年18歳の時、ベルリンのビューロの母親フランチェスカのもとへ、ビューロと同じ家に住む。ビューロはこの時、既にベルリン・シュテルン音楽院の教授で、貴族であり、日々コジマに対して思いやりのある態度で接した。コジマは強烈に心引かれる。

そして1857年8月18日コジマ20歳の時、ビューロと結婚した。

新婚旅行はワーグナーが居るスイス・チューリヒへ。

しかしコジマが夫ビューロに対して、将来的に希望したことは、ワーグナーの仕事の補佐でなく、自分の仕事としてピアニスト、指揮者、作曲に集中、名声を博すことであった。そのため、彼の持っている潜在能力を存分に発揮できるような家庭の構築、生活基盤を整えることであった。

ワーグナー、ミンナ、マティルデの三角関係を目撃

チューリヒに滞在中、この隠れ家での大騒動を一部始終目の当たりにし、強い衝撃を受

ける。

〝私たちの素晴らしい友であるリヒャルトの件には悩みもし、またある程度驚いてもいます。今までにも夫婦で起こった口論や仲たがいは聞いていましたが、まさかこれほどまでになるとは思いませんでした。退屈、虚栄、そして金が原因のこのような愛の破局はただ味気なく悲しく思います。わたしはミンナ夫人には同情を禁じ得ませんが、理想を追い求め、心の安寧も得られず、身をすり減らし単調で苛立ちの多い生活に疲れ、青白い脆弱な相手に、わずかながらの幸せを求めたリヒャルトを責めることができません。その相手の女性は、平凡実直な生き方もできず、さりとてまた恋に身を捧げて恋人を救うために古い絆を断ち切ることもできないのです。〟とワーグナーを擁護している。

ワーグナーへの同情から愛へ

コジマの性格

子供の時に自由がなく、束縛され、非常に我慢強い性格になる。

そして大人になるにつれて、他への自己犠牲と献身をもって愛し、愛されることを求めた。

深い信仰心（カトリック）に目覚める。慈悲……他者の幸福を増進させ他者の幸福を願う心「慈」、他者の不幸を除去し、不幸から救い出す心「悲」を育む。一方では穏やかさ、優しさがなく、高慢な自信を覗かせる。

1860年10月12日長女出産「ダニエラ・ゼンタ」と命名。

産後の肥立ちがわるく、また弟ダーニエルが肺結核で死亡、夫ビューローの仕事のこと等々で体調を崩す。1861年初春、バイエルン・ライヒェンハルへ転地療養する。その後ビューローと共にワーグナー見舞いに同行。

ワーグナーは〝コジマの病気の最大の敵は彼女の性格です。彼女はもともと全く違った種類の人間ですし、自分の説を決して曲げようとしませんから、養生などとてもする気にならないでしょう。……あなたがコジマをほっておけないのは良くわかります。……コジマに心からよろしくお伝えください。そして私がどんなに彼女のことを思っているか、彼女が分別よく皆の忠告を聞くようになっていると私がきけば、どんなにうれしいと思うかをお伝えください。〟

やがてコジマ全快しベルリンに帰る。

夫ビューロと共に１８６1年3月パリでの「タンホイザー」公演を観に行くが、オペラ座予約会員ジョッキー・クラブの妨害で公演できず中止になる。

ワーグナー１８６2年同じくパリで「マイスタージンガー」の台本が出来上がる。そして「マイスタージンガー」の作曲にかかる。まず前奏曲をビーブリヒにて作曲。ここでも夫ビューロと共にワーグナーに呼ばれて当地に来、「マイスタージンガー」の台本１４５ページからなる物を写す作業、写譜をする。

ビューロは天才ワーグナーの繰り出す作品に感動する一方、絶望感、自己嫌悪に陥り発狂する。一方コジマはワーグナーの天才が否応なしに夫ビューロと比較してくる。女心を引くのは「男の力と孤独感」である。

このような心の動きがぐっと縮まったのが、ここビーブリヒである。

１８６2年9月11日姉ブランディーヌ死去。

11月ライプチヒでワーグナー演奏会をする、ビューロ、コジマとが同行。

１８６3年3月20日二女ブランディーネ出産。

ワーグナーロシアへ、その直前にベルリンでビューロ、コジマと会う。
ワーグナー4月ロシアから帰る。ベルリンでビューロ、コジマに会う。

同情から共苦へ

1863年11月ベルリン、ついにコジマとワーグナーはお互い真実を語る。

ワーグナーは「この時、全く冗談は無く、二人は黙って、お互いの目を見つめ合うだけだった。だが真実を伝え合いたいという希求にいたたまれず……言葉は必要でなかったのだが……お互いに自分たちを取り囲み、のしかかってくる限りない不幸を告白しあった。口に出してしまうと二人とも少しは落ち着き、その後は深い静寂が続いた。お互い一緒になりたいという告白を確認し合ったとき、二人とも涙にくれるばかりであった。」(「コージマ・ワーグナー」A・ソコロフ著　猿田悳、森住衛訳　音楽之友社)

「コジマの日記」

1869年1月1日から「日記」を書き出すが、この日記の最大の目的は子供たちに母親の心情を理解してもらうため、包み隠さず話すことである。

書き始めには、このように言っている。

1868年は私の生涯の外面的な転機にあたります。わたしはこの年、五年前から自分の生きがいであったものを晴れて行動に移すことを許されたのです。

それはこちらから探し求めたのでも、招きよせたのでもなく、いわば運命から課せられた行動でした。わたしのことを知ってもらうために打ち明けて言いますが、自分の内に宿る真の天職に目覚めるまでの私の人生は、索漠（さくばく）とした味気のない夢のようなもの。自分でも訳が分からないし、今となっては現在の浄化された魂に備わる、ある限りの力で払いのけてしまいたい。だからその頃のことはお前たちにも何一つ話したくないのです。わたしの生活は表向き平穏でも、心の中は荒みきっていました。

そこへあの方が現れて、たちまちのうちに自分がそれまで生きていないも同然だったことを思い知らされたのです。わたしのあの方への愛はとりもなおさず再生であり、救いであり、私自身のくだらない性悪な一面が跡形もなく消え去ることを意味しました。そしてわたしはこの愛を、死ぬことにより、究極の断念により、でなければ全き献身によって確固たるものにしようと心に誓ったのです。わたしはわが身に生じた愛の業に、何をもってしても報いることはできないでしょう。運命のめぐりあわせで、おまえたちがいつかは人から聞かされるだろうような、様々な出来事が起こり、たった一人の友であり、わたしの魂を救い出した守り神であり、高貴なものや、真実なものをあますことなく啓示したあの方が世人に見捨てられ、友人にも、楽しみにも恵まれないような孤独の境涯に追いやられていたのです。その時、わたしはあの方にこう呼びかけました。あなたの許に参ります。そしてあなたの人生の重荷を軽くして差し上げることに、自分のかけがえのない無上の幸せを見出すつもりです、と。……

1869年6月6日長男ジークフリート誕生

「コジマの日記」はこう記している。

……リヒャルトは自分のナイトガウンをわたしにかけて上のベッドまで送ってくれた。痙攣が頻繁になる。2時にフレネリ（フレネリ・シュトッカー・ヴァイドマン、ミュンヘン時代からの使用人）を起こさせ産婆を呼びにやらせる。

別室で待望の赤ん坊を取り上げるのに必要な準備をする。しかしそれほど切迫しているとは思えない。ベッドの傍に付き添うリヒャルトは、とても不安そう。3時過ぎに産婆が到着。リヒャルトは下に降り仮眠すべくベッドに入るが、いても立っても居られず、また

郵便はがき

恐縮ですが、
切手を貼って
お出し下さい

531-0071

［受取人］

大阪市北区中津3－17－5

株式会社
編集工房ノア 行

★通信欄

通信用カード

お願い

このはがきを、当社への通信あるいは当社刊行書のご注文にご利用下さい。
お名前は愛読者名簿に登録し、新刊のお知らせなどをお送りします。

お求めいただいた書物名

本書についてのご感想、今後出版を希望される出版物・著者について

◎ 直接購読申込書

（書名）	（価格）¥	（部数）　部
（書名）	（価格）¥	（部数）　部
（書名）	（価格）¥	（部数）　部

ご氏名　（　歳）　電話

ご住所　〒

書店配本の場合	取次	この欄は書店または当社で記入します。
県市区　書店		

服を着て上がってくる。彼が部屋の中に駆け込んできた時、私は既に猛烈に苦しみながら産婆の手当てを受けていた。……フレネリがにこやかに笑い「息子さんですよ」と告げた。そして赤ん坊の力強い泣き声を聞き取る。リヒャルトは崇高な想いを噛み締めながら遠くを見つめた。……

彼は時計を見て、息子の誕生は朝の4時であったことを確認した。……6時頃産室に呼び入れられたリヒャルトは厳粛なまでの感動を覚えたと話した。

わたしは晴れやかな喜びに浸った。運命が私たちに恵んでくれた息子の誕生という贈物が限りなく尊いものに思えるまでに時間は要しなかった。リヒャルトの息子。……私たちは幸せで一杯だった。赤ん坊は丸々太って健康そのもの。普通の新生児より二ポンドも重いそうだ。この子の名前について語り合う。ジークフリート・リヒャルトと命名した。洗礼は遅れて9月4日午後4時から始まった。ヘルフェリヒ・ジークフリート・リヒャルト・ワーグナーという洗礼名。

1870年7月18日ハンス・フォン・ビューロと離婚成立（ベルリンの裁判所にて）

1870年8月25日ワーグナーと結婚、ルツェルン・プロテスタント・マテウス教会にて。立会人はハンス・リヒター、マルヴィータ・フォン・マイゼンブークだった。「コジマの日記」にこう記してある。

8時に私たちの婚礼が行われた。これからは彼の姓を名乗ることになるが、その名に恥じない私でありたい。わたしがお祈りに込めた願い事は二つ。ひとつはリヒャルトの健康で、私の心づかいがゆき届いて彼がいつまでも健やかであること。もうひとつはハンスの幸せで、わたしと離ればなれになっても明るい人生を送れるようになること。……

ワーグナーにとってはのどかな楽園生活……トリープシェン……満足していただろう。コジマにとってはこれからが伴侶として、母親として試練、実力が試されることになる。

バイロイトへ

ワーグナーは自分の作品を発表完遂する劇場がどうしても必要だった。

1872年4月バイロイトへ居を移す。5月22日バイロイト祝祭劇場定礎式。

1872年ワーグナー心臓の痙攣が初めて起こる。

1873年8月バイロイト祝祭劇場上棟式。

1874年4月私邸ヴァンフリート荘完成、ワーグナー家族入居。

1876年8月2日祝祭劇場完成。

1876年8月13日から4部作「ニーベルングの指環」始まる。

初演「ニーベルングの指環」収支は大赤字。

その後、この赤字を埋める為ワーグナーは演奏会の指揮をしたりして、その報酬を返済に充てていたが心労耐えがたく、バイロイト市議会議長、銀行家のフリードリヒ・フォイステルと思索する。当時パトロンのバイエルン国王ルードリヒ二世は城作り（ノイシュヴァンシュタイン城、リンダーホーフ宮、ヘレンキームゼー宮）で国の金庫は底をついていた。ワーグナーは万策尽きてアメリカ行きを本気で考える〝バイロイトの地所も売り一家眷属をあげて海を渡り、二度とふたたびドイツには帰ってこないことになるでしょう〟（コジマの日記）これを聞いた王は〝長年二人の間の絆であった愛情と友情にかけても、かりそめにもそんな恐ろしい考えは持たないようにしていただきたい。精神界で最も偉大な同胞を国外に去らさせるようなことになれば、全ドイツ人にとって取り返しのつかぬ恥辱となるであろう！　ワーグナーは答礼として「パルシファル」の詩稿を送った。

王は〝どんなことがあってもバイロイトに留まるよう〟宮中書記官デュフリップに指示し、新しい返済計画案を模索した。1878年1月15日コジマはフォイステルから現在の会計報告書を受け取る。これによると残りの負債額は約10万マルクで、書状には〝わたしは破局を避ける方法は一つしかないと思います。……ご主人の作品にたいして、ミュンヘン王立宮廷劇場から年額1万マルクの印税を今後約10年間にわたって出してもらうことです。〟コジマは、今、アムフォルタスの嘆きにひたりきっている夫に金銭上の苦情を持ち込む気にはどうしてもなれない。と書き添えて、このフォイステルの手紙を王に送った。（1月16日付）これに対して王からの返事は〝親愛なる奥様、お手紙で申し越された件に関し、わたしに個人的にご相談いただいて実に嬉しく思いましたことを、ここに衷心から申し上げたいと存じます。……早速、宮中書記官にご希望に沿うような指示を与えておきました。宮中書記官はすぐにも、フォイステルやペルファル（ミュンヘン王立宮廷劇場監督）と談合することになっていますので、必ず提案にあったような方法で赤字の埋め合わせがつくであろうと思います。〟（1月27日付）そしてまた、王立宮廷劇場で行われるワーグナーの作品の上演について総収入の10％にあたる印税を払うという二つの取り決めが3月31日に出来た。

これにより、ワーグナーは残された精根のすべてを「パルシファル」の完成に専心できるようになった。

「パルシファル」

1877年4月「パルシファル」台詞完成

1881年4月「パルシファル」一幕作曲終了、同10月二幕作曲終了、同11月家族とともにシチリア島パレルモへ、三幕着手、1882年1月総譜完成し、7月からバイロイトで練習開始。

1882年7月26日「パルシファル」バイロイト祝祭劇場にて初演された。

ワーグナー終焉の地ヴェネチアへ

音楽祭終了後家族と共にヴェネチア・パラッツォ・ヴェンドラミンへ。ワーグナーの健康状態が急速に弱ってゆく。コジマ……いよいよ最後の時が来たことを感じる。

翌年2月12日の晩「ラインの黄金」の一節をピアノ演奏（コジマの日記にどんなふうに演奏したか記す。）翌朝、具合が悪くなる。ワーグナー〝今日は気を付けよう〟と言う。〝昼食はいらない。〟と召使いが聞き、コジマへ伝言。コジマ慌ててワーグナーの部屋へ。〝ワーグナーは一人でいたい〟と言う。召使いを部屋のドアのところにいさす。暫くしてベルが鳴り、召使い慌てて部屋の中へ。〝コジマと医者を呼べ〟コジマ急いで駆け寄る。彼は長椅子にうずくまっていた。抱きかかえるとまるで眠っているようであり、彼女はそのまま医者が来るまでじっとしていた。

一時間近く経ってから医者がきた。コジマの腕の中で、すでにこと切れていた。コジマを正式に伴侶とした年月は12年と6ケ月であった。この間「リング」「パルシファル」が作曲された。

ワーグナーの死後

バイロイト祝祭劇場の相続権、作品に対する著作権、子供たちの法的保護者等々バイロイトの銀行家フリードリヒ・フォイステルの婿アドルフ・フォン・グロースに委ねる。そして祝祭劇場の演目を増やすに際してもコジマはグロースに相談する。当時、祝祭劇場は開催されても満員にはならなかった。「トリスタンとイゾルデ」に続いて、如何にすれば劇場を満員にすることができるか？　コジマは毎年開催すること。そして次の演目は「タンホイザー」と決めていたが、グロースは〝毎年開催するなんて、とんでもないことである。また次の演目は「マイスタージンガー」であるべきだ〟と進言をし、大成功を収めた。

バイロイト祝祭劇場の演目、年代別に次の通り増やしてゆく。
1886年から「トリスタンとイゾルデ」指揮者F・モットル。
1888年から「マイスタージンガー」指揮者ハンス・リヒター。
1891年から「タンホイザー」指揮者フェリックス・モットル。
1894年から「ローエングリーン」。
1901年から「さまよえるオランダ人」指揮者は共にF・モットルであった。

ワーグナーの演出を踏襲
スイスの舞台美術家、（特に照明）アドルフ・アッピアは1882年の「パルシファル」を観て失望、アッピアはコジマに提言するが否認された。
コジマはなぜ否認したのだろうか？　いろいろな見方がある。コジマは芸術性よりワーグナーの思想、精神性（良くも悪しきも）を重視したのである。
つまり、バイロイト祝祭劇場はワーグナーの思想に基づき最終的には国家的プロジェクトの殿堂とする。これがコジマの夢であった。いずれにしてもコジマによってバイロイト祝祭劇場の維持運営は、確固たるものになる。

バイロイト祝祭劇場、ジークフリートへのバトンタッチ

指揮活動は１８９６年の「リング」から始まったが総監督としては１９０７年からである。母親コジマの体調不良により引き継いだ。ジークフリートはこんな事を言っている。
「このたぐいない偉大な女性はそのオフィスを十分に信頼して私に任せた。このとき初めて祝祭劇場の指揮台に立ったときと同様に、私は仕事における大きな力をはっきりと自覚、この世界に使命を持って生まれてきたことの幸運を感じた。ジークフリートとは、両親が私に与えて呉れた名前である。私は鍛冶屋をやったわけでもなし、竜を退治したわけでもなし、炎の海をくぐり抜けたわけでもない。しかし少なくとも恐れを知らぬということだけでも、その名に値するものでありたいと願っている。」

１９１３年「パルシファル」の著作権が解禁される。（アメリカでの著作権は当初から関係なくフリーであった。）

１９１５年９月22日ジークフリート46歳とヴィニフレート18歳が結婚した。そして次々と四人の子供を得る。

しかし、第一次世界大戦勃発後１９１５〜１９２３年まで、その余波もあり劇場閉鎖を

余儀なくされた。そしてジークフリート体制は祝祭劇場開催も'24年25年は開催し'26年は休演、以降'35年まで2年開催、翌年は休演した。ドイツ国内の政情不安定、経済的不安定により社会が未曾有の混乱した困難な時代を迎える。

コジマ　1930年4月1日死去。

自らの希望でブリュンヒルデのように火葬され、遺灰はワーグナーと共に、ヴァーンフリート荘に。（リングが出来上がるまでのあれこれの項、参照）

ワーグナーとマイアベーア（プロイセン音楽総監督１８４２〜１８４６）

ジャコモ・マイアベーア（Giacomo Meyerbeer １７９１〜１８６４）ユダヤ系ドイツ人
出生名は Jacob Liebmann Beer オペラ作曲家

ワーグナーとマイアベーアの繋がりは１８３６年秋ウジェーヌ・スクリーブ（１７９１〜１８６１フランス劇作家）あてに「恋愛禁制」の総譜をつけて送っていて、その旨レジオン・ドヌール勲章受賞者マイアベーアにも手紙を送っている。「あなたの天才への拙い讃辞を披瀝するには、ここは余りに不適当であるかもしれません。ただ、イタリア派とフランス派の長所を師とし、ドイツ人の芸術的創造物を普遍的なものにするという課題は、あなたという一人の人間において、完全に解決されているということだけを私は申し述べます。」……と最高の讃辞を送っている。

1839年7月相変わらずの借金苦により夜逃げ同然、妻ミンナと二人、リガから旅券なしでパリ行きを決断。この逃避行が「さまよえるオランダ人」を想起さす。8月20日フランス北海岸ドーバー海峡に面した街ブローニュ・シュル・メールに到着し、ここに四週間滞在、この地でマイアベーアに偶然会い知己を得る。

ワーグナーはこの時点で「リエンチ」第二幕のオーケストレーションまで完了していた。そしてマイアベーアに最初の二幕を朗読、マイアベーアは忍耐強くそれを聞いてやった。パリでの二人は、まずパリ・オペラ座の支配人及び楽長あて推薦状をワーグナーが受け取り、面会したが反応は鈍く、当時世界一のオペラハウスの人間たちとドイツの田舎から出てきた人間との差別がはっきりとした応対振りであったらしい。パリ・オペラ座を断念、つぎにマイアベーアから「恋愛禁制」の譜面をもってルネサンス劇場の支配人アンテノール・ジョリイを訪ねるよう指示があった。ところが支配人との交渉がはかどらず、らちが空かない。マイアベーアに強力に圧力をかけてくれと懇願し、成功する。オペラ上演に同意した支配人は、残るはオーディションのためオペラの中から数曲を劇場の委員会に聞いてもらう必要があるとのことだった。ワーグナーはこれで上演間違いなしと思った。

1840年8月実妹チェチーリエの夫アヴェナリウス（ブロックハウス出版社のパリ支

社代表）の斡旋でパリの中心地エルデル街にアパートから居を移した。そこで最初に受け取ったニュースがルネサンス劇場破産す。閉鎖されたという知らせだった。雷の一撃を喰らったワーグナーは、眼前に開けていた展望が無に帰した。

ワーグナーの友人たちは、マイアベーアがこの劇場が破産することを知りながら要望に応じたと非難した。本人もこの惨めな境遇に直面。そのような感情に傾斜していった。弱り目に祟り目その後、ワーグナー自身の借金債務不履行のため債務禁錮の監房へ繋がれた。収監されたことは自伝には伏せている。ミンナが友人に当てた手紙（1840年10月28日付）が証明した。ワーグナーはパリでの全ての屈辱に対して「パリに死す」という自伝短編小説に記して（1841年1月）パリに対して復讐をした。「わたしたちは彼（ワーグナー）を埋葬した。……弔辞は省かれた。だからと言ってわたしたちが埋葬した男が善良な人間であり、けなげなドイツ人の音楽家だったことを君らが良く知らずにすんでいいわけはない」……〝わたしは神を、モーツァアルトとベートーヴェンを信じる〟……と有名な告白で終わるが、矛盾だらけの男の告白。かって「これから先、いつまでたっても僕は二度とぼくらのドイツ精神に臣従しはしないだろう。君たちのライプチィヒの古典的栄光もぼくを呼び返す力は無い。と断言していた男が。

まぁしかしパリでの挫折はトラウマ的ダメージであったことは間違いない。その後もマイアベーアに口添えを依頼して「さまよえるオランダ人」をグランド・オペラ座の新しい支配人レオン・ピレに台本を送っている。支配人はそれを別のオペラ作曲家に音楽をつけさす魂胆で、台本だけ買い取った話は周知の通りである。パリで挫折し、傷心のワーグナーはさまざまな望郷の念を胸に、ドイツに帰る。妻ミンナの故郷ドレスデンへ、ここドイツには「魔弾の射手」のドイツ精神があった。それに誘われたのであろうか？

なぜ「リエンチ」がドレスデンで受け入れられたか？

ドレスデン・ゼンパー・オーパは建築家ゴットフリート・ゼンパー（１８０３〜１８９７）によって設計され１８４１年４月に柿落としされた歌劇場である。

ワーグナーはパリから「リエンチ」ドレスデン公演をするため色々と手を打っているが果たしてどれがゼンパー劇場総監督のアウグスト・フォン・リュティヒャウ男爵を動かしたのだろうか？

①ワーグナーはパリから国王に公演の請願書を出している。

②①と同時に劇場総監督にもこのオペラの概要を記し、豪華絢爛さが新築の歌劇場にマ

ッチすると。

③この劇場の花形歌手ソプラノ、シュレーダー・デフリーント、テノール、ヨーゼフ・ティヒャチェクからの助言をしてもらっている。

④友人であり援助者でもある演出家のフェルディナント・ハイネ、合唱指揮者のヴィルヘルム・フィッシャーの助言　（S・チェンバレンはこの説を支持）

⑤マイアベーアの劇場総監督への請願、支持文（1841年3月18日）

〝……ライプチィヒ出身のリヒャルト・ワーグナー君は単に有能な音楽的教養だけでなく、少なからず想像力に富んだ若い作曲家です。加うるに広汎な文学的教養もあり、またその境遇は祖国に於いてあらゆる方向で支持、関心を受けるにふさわしいものです。〟

1842年10月26日「リエンチ」ドレスデン宮廷劇場（ゼンパーオーパ）で初演、大成功する。リスト、マイアベーア観覧。

決してマイアベーアの助言は軽くは無い、プロイセン音楽総監督である。

この大成功により

1843年1月2日「さまよえるオランダ人」同歌劇場初演、

1843年2月「王室ザクセン宮廷指揮者」に任命される。

映画芸術への招待　杉山平一

〈ノアコレクション・1〉映画の誕生と歩み、技法と芸術性を、具体的に作品にふれながら解きあかす。平明で豊かな、詩人の映画芸術論。一六〇〇円

三好達治　風景と音楽　杉山平一

（大阪文学叢書2）詩誌「四季」での出会いから、自身の中に三好詩をかかえる詩人の、詩とは何か、愛惜の三好達治論。一八二五円

わが敗走　杉山平一

（ノア叢書14）盛時は三千人いた父と共に経営する工場がゆきづまる。給料遅配、手形不渡り、電車賃に事欠く経営者の孤独なたたかいの姿。一八四五円

窓開けて　杉山平一

日常の中の詩と美の根元を、さまざまに解き明かす。明快で平易、刺激的な考え方や見方がいっぱい詰まっている。詩人自身の生き方の筋道。二〇〇〇円

詩と生きるかたち　杉山平一

いのちのリズムとして詩は生まれる。詩と形象。詩と音楽。大阪の詩人・作家。三好達治、丸山薫、花森安治、竹中郁、人と詩の魅力。二二〇〇円

巡航船　杉山平一

名篇『ミラボー橋』他自選詩文集。青春の回顧や、家庭内の幸不幸、身辺の実人生が、行とどいた眼光で、確かめられてゐる（三好達治序文）。二五〇〇円

青をめざして　詩集　杉山平一

アンデルセンの少女のように、ユメ見ることのできるマッチを、わたしは、まだ何本か持っている／新鮮を追い求める全詩集以後の新詩集。二三〇〇円

希望　詩集　杉山平一

あたゝかいのは　あなたのいのち　あなたのこゝろ冷たい石も　冷たい人も　あなたが　あたゝかくするのだ。精神の発見、清新な97歳詩集。一八〇〇円

富士さんとわたし　山田　稔

手紙を読む　約三十三年間にわたる書簡を元に、富士正晴の文学と人の魅力、わたしの歳月を往復し、VIKING他周辺の人々に及ぶ長編散文。　三五〇〇円

異人さんの讃美歌　庄野　至

明治の英語青年だった父の夢。兄、潤三に別れを告げに飛んできた小鳥たち。彫刻家のおじさん。夜汽車の女子高生。いとしき人々の歌声。　二〇〇〇円

足立さんの古い革靴　庄野　至

第23回織田作之助賞受賞　足立巻一とTVドラマ作りで過ごした日々。モスクワで出会った若い日本人夫婦の憂愁。人と時の交情詩情五篇。　一九〇〇円

佐久の佐藤春夫　庄野英二

佐藤春夫先生について直接知っていることだけを書きとめておきたい——戦地ジャワでの出会いから、大詩人の人間像。　一七九六円

大阪笑話史　秋田　実

〈ノアコレクション・2〉戦争の深まる中で、笑いの花は咲いた。漫才の誕生から黄金時代を、世相と共に描く。漫才の父の大阪漫才昭和史。　一八〇〇円

大阪ことばあそびうた　島田陽子

大阪弁の面白さ。ユーモアにあふれ、本音を言う大阪弁で書かれた創作ことばあそびうた。著者は大阪万博の歌の作詞者。　正・続・続続各一三〇〇円

希望よあなたに　塔　和子詩選集

ハンセン病という過酷な人生の中から生まれた詩は、人間の本質を深く見つめ、表現されたものばかりで、心が震えました(吉永小百合氏評)。**文庫判**　九〇〇円

塔　和子全詩集〈全三巻〉

ハンセン病という重い甲羅。多くを背負わなければ私はなかった。生の奥から汲みあげられた詩の原初。未刊行詩、随筆を加える全詩業。　各巻八〇〇〇円

余生返上

大谷晃一

「私の悲嘆と立ち直りを容赦なく描いて見よう」。徹底した取材追求で、独自の評伝文学を築いた著者が、妻の死、自らの90歳に取材する。　二〇〇〇円

またで散りゆく

伊勢田史郎

岩本栄之助と中央公会堂　公共のために尽くしたい熱誠で私財百万円寄贈した北浜の風雲児のピストル自殺にいたる生涯と著者遺稿エッセイ。二〇〇〇円

連句茶話

鈴木　漠

連句は世界に誇るべき豊穣な共同詩。その魅力を東西文学の視野から語れる人は漠さんを措いてはない。普く読書人に奨めたい（高橋睦郎）。　二五〇〇円

象の消えた動物園

鶴見俊輔

一つ一つは短い文章だが、批判精神に富み、事物の本質に迫る論考が並ぶ。戦後とは何かを問うてきた哲学者の境地が伝わる（共同通信）。　二五〇〇円

再読

鶴見俊輔

（ノア叢書13）零歳から自分を悪人だと思っていたことが読書への原動力となったという著者の読書による形成。『カラマーゾフの兄弟』他。一八二五円

家の中の広場

鶴見俊輔

能力に違いのあるものが相手を助けようという気組みが生じる時、家らしい間柄が生じる。どう生きるか、どんな社会がいいかを問う。　二〇〇〇円

火用心

杉本秀太郎

（ノア叢書15）近くは佐藤春夫の『退屈読本』遠くは兼好法師の『徒然草』、ここに夜まわり『火用心』、文芸と日常の情理を尽くす随筆集。　二〇〇〇円

遠い蛍　詩集

以倉紘平

57回歴程賞　不条理の神々よ　かくもいじらしく美しい魂を返せ　豊饒　無垢　土地の名　人の名　いのちの蛍　人間の物語　水惑星の歌　二二〇〇円

天野忠随筆選　山田　稔編

「なんでもないこと」にひそむ人生の滋味を平明な言葉で表現し、読む者に感銘を与える。二二〇〇円

草のそよぎ　天野　忠

遺稿随筆集　「時間という草のそよぎ」小さなつぶやきに大きな問いが息づいている。二〇〇〇円

耳たぶに吹く風　天野　忠

遺稿随筆集　詩と散文のあわい、さりげない人生の風景、ことばをとらえる短章集。一九四二円

春の帽子　天野　忠

随筆　車椅子生活がもう四年越しになる。穏やかな眼で、老いの静かな時の流れを見る。二〇〇〇円

木洩れ日拾い　天野　忠

（ノア叢書11）私の会った人、昔の傷、老人と時間、路地暮らし、茶の間の郷愁。（品切）一八〇〇円

うぐいすの練習　天野　忠

遺稿詩集　老いの情景を平明な言葉でとらえた詩人の、自らの最後を見届ける完結詩集。二〇〇〇円

私有地　天野　忠

読売文学賞受賞

隅々までとぎ澄まされた、一分の隙もない詩。現代詩の貴重な達成（大岡信氏評）。二〇〇〇円

万年　天野　忠

生前最後の詩集。みんな過ぎていく／人の生き死にも／時の流れも。老いの自然体。二〇〇〇円

夫婦の肖像　天野　忠

「結婚より私は『夫婦』が好きだった」夫婦を主題にした自選詩集。装幀・平野甲賀。二〇〇〇円

沙漠の椅子　大野　新

天野忠、石原吉郎を中心とした詩人論。迷宮である詩人の内奥に分け入る。二〇〇〇円

天野忠さんの歩み　河野仁昭

天野忠の出発と『リアル』、圭文社とリアル書店、コルボオ詩話会、地下茎の花、晩年。二〇〇〇円

戦後京都の詩人たち　河野仁昭

『コルボオ詩話会』『骨』『ＲＡＶＩＮＥ』『ノッポとチビ』へ重なり受けつがれた詩流。二〇〇〇円

竹中郁 詩人さんの声　安水稔和

生の詩人、光の詩人、機智のモダニズム詩人、児童詩誌「きりん」を育てた人。まっすぐにことばがとどく、神戸の詩人さん生誕百年の声。　二五〇〇円

杉山平一 青をめざして　安水稔和

杉山に関する対談や講演を集めたものだが、長年月を費やし、敬愛する先達への親炙《しんしゃ》と調査を深めた、貴重な汗に輝いている（東京新聞評）。　二三〇〇円

小野十三郎 歌とは逆に歌　安水稔和

改めて短歌的抒情の否定とは何か。詩の歴史を変えた不世出の詩人・小野十三郎の詩と『詩論』、『垂直旅行』までを読み解き、親しむ。　二六〇〇円

春よ めぐれ　安水稔和詩集

阪神・淡路大震災。繰り返し記憶すること、失われたいのちのために、私たちが生きるために。鎮魂と再生の震災詩集20年。　文庫判　一五〇〇円

神戸モダンの女　大西明子

神戸で生まれ育ったモダンな義母の人生を、大正、昭和の世相と共に描く。波瀾の時代を意志的に生き抜いた魅力の女性像。女性たちの姿も。　二〇〇〇円

外出　定 道明

遠い女。友のこと。娘の場合。山茱萸の話。狐登場。義父と小雀の死。母の葬儀。外出の時間。妻との旅。記憶と意味の身辺。内《うち》そとの声。9篇。二〇〇〇円

遅れ時計の詩人　涸沢純平

編集工房ノア著者追悼記　大阪淀川のほとり中津路地裏の出版社。本づくり、出会いの記録。港野喜代子、清水正一、天野忠、富士正晴他。　二〇〇〇円

詩と小説の学校　辻井喬他

大阪文学学校講演集＝開校60年記念出版　小池昌代、谷川俊太郎、北川透、髙村薫、有栖川有栖、中沢けい、奈良美那、朝井まかて、姜尚中。　二三〇〇円

1845年10月19日「タンホイザー」同歌劇場初演。ドレスデンにてキャリアを積んでゆく。トントン拍子に出世した始まりは「リエンチ」の大成功でマイアベーアの助言が効いたのではないか？　と思う。

これらの成功をドレスデンで収めるが、ワーグナーは1844年ベルリン宮廷歌劇場総監督レーデン伯爵宛マイアベーアに助言を依頼し、「さまよえるオランダ人」の指揮をした。しかしザクセン宮廷指揮者の身分でドレスデン以外での勝手な行動を良し、としないものが多くいて、また宮廷内の改革も拒否され、宮廷内で不和が日に日に高まっていく。ワーグナーは政治を変えなければ芸術を通じて人間社会を形成していくことは困難である。という持論を激白、ドレスデン革命に身を投じてゆくのである。

1846年1月4日マイアベーア宛の手紙をドレスデンから出している。手紙の主旨は、「まもなく出来上がる「ローエングリーン」をベルリン宮廷歌劇場で初演するにあたって、国王の御前で、この出来上がった劇詩を朗読できるように劇場総監督のレーデン伯爵に何卒お口添え願えないか？　と言うものである。手紙の最後は……あなた様のお心とご関心がいつまでもわたしの身に向けられていることを神に祈ります！　始まりましたばかりのこの新年に対して熱烈な願いを込めて、何時までもご高思を肝に銘じております。」と崇拝の言葉で結ばれている。

また、１８４６年11月26日のマイアベーアの日記にはワーグナーからの借り入れ申し込み１、２００ターラーに対して、拒否とある。ここで重要なことはマイアベーアの「プロイセン音楽総監督」の任期が１８４６年中であったことである。

１８４７年10月３日マイアベーア宅で夕食を共にしている。１８４７年10月26日「リエンチ」ベルリン宮廷歌劇場にて初演、指揮はワーグナー。

マイアベーアはそれに先立ち23日ゲネプロにも立ち会っている。

さて、これらベルリンでの活動も自分の希望、国王への拝謁もできずドレスデンに帰ってくる。早々、借金地獄がだんだんと日常表面に出てくる。宮廷内ではワーグナーから出ている俸給改定、昇給の詮議をし、国王から裁可が下りるがいろいろと条件が付く。国王への請願書に総監督リュティヒャウは私見をつけている。……遺憾ながらワーグナーはパリ滞在によって生計の立て方について、ごく軽はずみな考えを持つようになり、現在の逼迫した状況で彼が経験しているがごとき重大な体験によらねば目が醒めなくなっている。１、５００ターラーの俸給をもって指揮者の職を得ていることの幸福を理解しえていない彼は、彼の才能を誇大に賞賛する声にまどわされ、マイアベーアがパリで得ているがごとき多大の利益を自らのオペラより得られると想像するほどに常軌を逸した空想を強めた。……またベルリンにおける「リエンチ」の公演にかけた期待が幻滅に終わったため、極度の苦境に陥った彼は500ターラーの俸給額引き上げの請願を直接国王陛下にしょうとする決心を固めたのです。……

裁可の条件①第一指揮者と同額にする昇給ではなく賞与として認められる。

②もし、彼が再び金銭上の困難をきたした場合は、直ちに解職する。というものであった。

1848年6月15日共和制を標榜するドレスデンの〈愛国協会〉で彼が演説を行なった（映画「ワーグナー」でも出てくる場面）後、不安になった自主出版の出資者たちが出資を解約すると言う決定的ダメージを喰らう。革命参加後、逃亡し、方々の手でチューリヒへ。1850年1月パリへ行き、マイアベーアとの邂逅に恵まれるが、ワーグナーは今、国事犯の身、マイアベーアはプロイセン（ベルリン）、パリでの著名人で、過去にはプロイセン最高位にある音楽総監督である。あまつさえプロイセン政府とザクセン政府はツーカーの間柄である。ワーグナーと関わりたくない、というのが本音である。しかし、ワーグナーはそれでも病的執拗に忖度なしに自己中心的な振る舞いをした。

そして1850年8月自著「音楽におけるユダヤ性」で逆恨みとなって爆発する。

ワーグナーの反ユダヤ主義

1850年8月の「音楽におけるユダヤ性」の論文は音楽芸術だけに留まらずユダヤ人そのものの否定（排他的民族主義）が後世、特にドイツでは政治的に反ユダヤ主義者に手本として利用されたことは周知の通りである。

極めて悪態な文章で綴られ、ユダヤ人のみならず、世界の良識ある人々から、ワーグナー自身、人間としての資質を問われることになる。

1850年8月に書かれた「音楽におけるユダヤ性」の論文の抜粋を記す。

……世界の現状を直視してみれば、実際のところユダヤ人の地位はもう解放を必要とするどころの話ではない。彼等こそが支配者であり、金力の前に人間のあらゆる営みが膝を屈する限り、ユダヤ人の支配は続くであろう。

ユダヤ民族が舐めた歴史的な惨禍と、キリスト教を奉ずるゲルマンの権力者たちが示した粗暴な掠奪根性とがイスラエルの子らに、この力を授ける原因となったという史実は、ここで改めて指摘するまでもない。しかし、諸芸術の発展が現在の段階まで達し、今ここでその基盤を全面的に変革しておかなければ、これから先、説得力のある自然な表現や真に美しいものを創造してゆくことが出来なくなる、という行き詰った状況があり、その結果ユダヤ人の商売ずれした指先に、我らが時代を代表する芸術趣味まで委ねるという事態を招いたのであるが、その理由については幾分詳しく検討してみる必要がある。……現代芸術のユダヤ化は、ことさら証明を試みるまでもなく、否応なしに目に飛び込んでくる紛れもない事実である。……ユダヤ主義の重圧からの解放こそが急務であると考えるならば、まずこの解放闘争に臨む我が方の戦力を点検しておく必要がある。しかしこの戦力は……ユダヤ性に対する本能的な嫌悪という我々の内に巣食う自然感情をその本性から熟知することによってはじめて獲得できるのである。この抜きがたい感情を率直に認めたうえで、いったいユダヤ人のどこが嫌いなのかを明確に把握しなければならないが、そうして正体を見定めた敵に対しては戦う術もあるというものだ。それどころか、この魔物はその姿から受ける不快感を少しでも和らげようとして、気のいい博愛主義者が掛けてやった薄暗いベールに守られて居座っていたのだから、これを剥ぎ取って裸にするだけで退散させることができるだろう。

完全に自分たちだけの神を祀ることで知られるユダヤ人であるが、日常生活の場で、まず目に付くのは彼らの容貌であり、ヨーロッパのどの国に住む者が見ても自国の気風に馴染まない不快な部分をユダヤ人の顔立に認めて、そんな顔つきの人間とは関わり合いになりたくないと、つい思ってしまうのだ。……

ユダヤ人は何代にもわたって住みついてきた国の言葉を話しているが、常に異邦人の立場でその言葉を口にしているのである。故郷の大地を失い、一族が四散して根無し草の状態のまま、そうした共同体の外側でエホバを護って孤独に生きてきたユダヤ人の場合には、種族としの発展の可能性が完全に断たれているのと同様に、民族固有の〈ヘブライの〉言葉も死語として辛うじて保存されているに過ぎない。

こうした独特の話し方が障害となって、ユダヤ人にとって意見や感情を言葉で芸術的に表現することがほとんど絶望的であるとすれば、それを歌（Gesang）で表現する能力には尚更期待できないはずである。歌は激情の頂点から滾り出る言葉にほかならず、音楽は情熱の言語である。……

次に、そのユダヤ人作曲家の実像を浮き彫りにしてみよう。

自らの容貌や言葉によって自己を芸術的に表現する能力などまるで持ち合わせておらず、歌に至っては完全にお手上げというユダヤ人なのに、そのユダヤ人が、現代芸術のなかで、最も裾野の広い音楽の分野で大衆の好みを左右するだけの力を手中に収めたのだ。

　この現象を理解するために、まず一体どのようにしてユダヤ人が音楽家になれたのか考えてみよう。

　世の中の流れが変わって金の力が次第に露骨に認められるようになり、金が実質的に社会を支配する貴族の地位にまで成り上がって以来、……新社会から惜しげもなく貴族証書が交付されるようになったが……そうなると、もともと近代教育は富裕層にしか手の届かないものであったが……教育の門戸はユダヤ人に対して一層大きく開かれるようになった。こうして我々の社会に教養あるユダヤ人が登場してきたのだが……下層のユダヤ同胞に顕著に認められる特徴をきれいさっぱり洗い落とそうと、想像を絶する努力を重ね、自分の血筋を形跡も無く消し去るためにはキリスト教の洗礼を受けることさえ厭わない者も多かった。……ユダヤ人の音楽に残されているのは口真似だけであり、それも鸚鵡が人間の話や単語を復唱するようにひどく正確で、うっかりすると騙されるほどよく似てはいるが、あのバカ鳥そっくりに無表情で心のこもってない模倣である。……ユダヤ人は固有の芸術を持ったことが無く、またそれゆえに芸術の糧となるような内容の濃い生活体験もない。

　先にユダヤ性に対する我々の反感を検証した過程で浮かび上がってきたさまざまな問題

点、ユダヤ人自身が抱えている自己矛盾、ユダヤ人と我々との相剋、我々の地盤の外に身を置きながら、なおかつこの地盤の上で我々とまじりたいと望み、我々の土地から生まれ出た芽を育んでゆこうとさえ願っているユダヤ人の夢が全く実を結ばないという現実……こうした一切のことが、若くして世を去ったフェーリックス・メンデルスゾーン（1809〜1847）の人間性、生活、芸術活動において悲劇的葛藤の極致にまで達したのだ。

次にマイアベーアについてワーグナーは偽名で投稿している。

……件の高名なオペラ作曲家は、退屈を誤魔化すための種を提供することこそ自分の芸術の最大の使命と思いこんだのだ。この使命を全うするために彼が用いた芸術上の手練、手管の数々を列挙するまでもなく、彼が騙しの手口に精通していたということは、其の繁盛ぶりからも察しが付くのであって、なかでも得意中の得意技は、愚かにもつかぬ平板な調子ですでに何度となく繰り返し使われてきた凡百の月並みな音楽語法に、退屈病にかかった聴衆が普段口にしている先に詳しく説明したような隠語を、さも薬味の効いた今風の言葉ででもあるかのように振り掛けるというものであった。さらにこの作曲家はショックを与えて観客を動揺させたり胸も張り裂けんばかりの破局を織り込んでその効果を利用することも、おさおさ怠りなかったが、退屈し切った聴衆は刺激に餓えているということを考えてみれば、この手法も決して驚くにはあたらない。そして、この点でも彼の狙いは的中したが、なぜ万事彼の目論見通り運ぶのか、……詐術にたけたこの作曲家はついに自分自身さえも欺くようになったが、おそらくこの自己欺瞞も退屈した聴衆を騙す時のように意図的なものであったに違いない。……自分には創造能力が欠けているということを知っていたのだろう。

傍で見るほど楽とは思えぬこうした自己欺瞞の重荷を背負った彼の姿はメンデルスゾーンの場合にも似て悲劇的な光に包まれて見える。……音楽という個別芸術が有機的な生への欲求をまだしっかりと体内に保持していたモーツアルトやベートーヴェンの時代まではユダヤ人の作曲家などはどこを探しても見当たらなかった。……芸術の精神を再発見できるとすれば、それは真実の生においてであり、蛆虫に食い散らされた芸術の死骸の傍らではない。……自己否定を通じて生命を蘇らせるこの解放運動にためらうことなく身を投ずるがよい！　そうなれば、我々は誰彼の別なく一つになれるのだ。されど心得よ、汝らに重くのしかかる呪いから解き放たれる道はただ一つのみ、と！

さまよえるユダヤ人の解放とは、亡びゆくこととなり！（ワーグナー著作集Iドイツのオペ

ラＰ59から音楽におけるユダヤ性）

その後、ワーグナーは、彼に対するいろいろな嫉妬、卑屈さを隠すために、自分の正当性を一々目論んだ。ワーグナーは人間マイアベーアに対する信頼と芸術家マイアベーアに対する反感とを別々に纏め上げようとして、マイアベーアの好意の裏側の反対の意味を考えた。

他人に対してはこのような極悪批判をする反面、この矛盾だらけの男が自分（ワーグナー）に対しての批判をかわす為、１８５１年自著「友人たちへの伝言」の中で次のような文章を記している。

「きっぱりと表明しておくが、わたしがこの伝言の中で〝わたしのことを理解するとか理解しない〟と言った物言いをするとしても、それはたとえば、まるで自分のことをあまりに高尚であるとか、すこぶる思慮深いとか、大変な才人であるとかと思っている、といった意味で言っているのではない。そうではなく、私のことを理解して欲しい人にただ一つ要求したいのは、ほかでもない、**ありのままのわたしを認めてくれる**こと、そしてこの芸術に関する伝言の中で、まさにわたしが自分の意図と表現能力にふさわしく表明した事柄だけを尊重してくれることである。」
「ところで、芸術家ワーグナーは好きだと称しながら、人間ワーグナーには共感しかねると思っている連中を、私は自分の友人とは見なしていない。芸術家を人間から切り離すことは、魂を肉体から分離するのと同じく無思慮なことである。……」

アルフレート・アインシュタイン（評論家）は次のように言っている。
「我々が純粋な芸術家像を把握しようとする際に、人間像の完全な排除をワーグナーほどに要求する音楽家は、偉大な音楽家のなかには、ほかに一人もいない。」

人に何か物事を頼む時、頼む人間を最初から懐疑的に見るだろうか？　全幅の信頼があってこそ依頼するのではないか？

結局は借金地獄による現実生活のゆがみ。マイアベーアに対する金銭的、地位名誉欲に対する嫉妬心であるが、それらをかき消すための方便については尋常な精神性ではなく、言っていることと、していることが矛盾だらけで、鑑定、審判できない精神的鬱病であろう。マイアベーア自身もこの文章でのワーグナーからの攻撃により尋常な精神が終生保てなかったはずである。

反ユダヤ思想の終焉

パリでの挫折、１８４９年5月ドレスデン革命で身を張って革命に参加するが、叶わぬ夢に終わり国事犯（死刑宣告）として逃亡。極限までの苦しみを味わう。これらの怒りをユダヤ人に向け爆発。１８５０年8月自著「音楽におけるユダヤ性」を刊行、反ユダヤ主義思想ができあがる。

そして諸作品の台本には反ユダヤ思想やその裏返しの思想がメタファ（隠喩）として記されている。

「リング」のニーベルング族のユダヤ性。「マイスタージンガー」のゲルマン人種の優越性、「パルシファル」における純血主義等である。

しかしこの強烈な反ユダヤ思想も年を重ね、その後の人生が好転したため、次第に薄れて行ったのではなかろうか？　それらの事項を記す。

①１８６４年5月ルードリヒ2世との邂逅によりそれ以後、庇護を受け借金地獄からぬけでた。

②１８７０年8月コジマと正式に結婚、子宝に恵まれ平和で長閑な家庭を築く。

③1880年代ドイツのユダヤ人同権に対して、反ユダヤ主義者による運動「ベルリン運動」が起こり請願書が出回るがワーグナーは署名を拒否した。(これには打算的な感情もあるが。)
④ユダヤ人指揮者のH・レヴィ、写譜その他でJ・ルービンシュテインを使った。
⑤1880年10月A・ゴビノー伯爵とヴェネチアで人生の最後に会っている。彼はローマ・ヴァチカンの番人のようなバリバリのカトリック信者であったしワーグナーの気持ちがこの時すっかり反ユダヤ思想が萎えていて、会話の歯車が合はなかった。
⑥またこの時「パルシファル」を製作、仏教理念、ブッダへの憧れが慈悲の心を育み、愛の力が寂静となり心中穏やかであった。「パルシファル」の生↓歓喜。
⑦1881年1月宗教と芸術のための補足その2「汝自身を知れ」を執筆、この中でワーグナーは金銭的観念において自己批判、羨望、嫉妬等複雑な感情を持ってドイツ人に警告を与えている。「リング」製作後、「パルシファル」へと思想の変化等によりユダヤ人をあらゆる方面から検証し自戒している。

ワーグナーとルードヴィヒ二世（１８４５／08／25〜１８８６／06／13）と精神科医Ｊ・Ｂ・フォン・グッテン（１８２４／06／07〜１８８６／06／13）

このころワーグナーは、借金、手形期日到来等、借金地獄と鬱病、物心両面で最低の生活に追い込まれていた。「私は破局に行き当たったわけではないが、身の破滅は刻々と近づきつつあります」（１８６４年３月14日）また、フランツ・リストの年下の叔父にあたる大審院判事エドゥアルト・リストから、かなりの額の手形の満期が迫っており、債務拘留の危険があるからスイスに逃げるようにと忠告を受けた。

逃避行はウイーン↓ミュンヘン↓チューリヒ↓バーゼル↓シュツットガルトである。

ウイーンから夜逃げ。途中ミュンヘンに着いた彼はマクシミーリアン二世の急逝を受けて即位したばかりの齢18歳のルードヴィヒ二世の肖像画を見た。「この肖像画は美貌と若さというものが思いがけない人生の逆境のどん底にあって私たちの心をとらえる。そして、ある特別の感動をもって私をとらえた。」

しかし一方では絶望感から、この逃避行の先に見えている死についても考えていた。このミュンヘンで墓碑銘を書き記したものがワーグナー文庫に保管されている「ものにならなかったワーグナーここに眠る。ルンペン騎士団の騎士にもなれず、犬も尻尾をふってついてこず、大学から博士号をせしめることもなく終わる。」(ミュンヘン64年3月25日)

ミュンヘンからボーデン湖を渡ってリンダウ↓ロールシャハ(スイス側)↓チューリヒ)へ。チューリヒ近郊マリーアフェルトに住む議員、著述家でスイスの友人フランソワ・ヴィレ、エリーザ・ヴィレ夫妻の家に身を置く。(フランソワ1811〜96、エリーザ1804〜93)ある日ヴィレ夫人に……「わたしは世間の人とは作りが違っていて、感じやすい神経を持っているんです。……美しいもの、きらびやかなものをわたしはなしでは済まされないのです! 世間は私が必要としているものを、わたしに与える義務があるんだ! わたしはあなたが尊敬しているバッハのように、みじめなオルガニストの地位では生きていけないんだ!……自分の好きな、ちょっとばかりの贅沢を要求する権利がわたしにあると考えることが、そんなに怪しからん要求でしょうか? 何千人という世間の人々に楽しみを与えているこのわたしがですよ!」なにものかに抗うように、彼は昂然と頭をもたげていた。反社会的行為、借金返済の不履行、によって益々精神が病んでくる。俺は天才だ！……（天才かもしれないが真の天才ではない）

4月29日ワーグナーは此の地マリーアフェルトを後にしている。バーゼル経由シュツットガルトに１８６４年４月30日土曜日に到着し、電報で呼び寄せていた若き作曲家、指揮者のヴェンデリーン・ヴァイスハイマー（１８３８〜１９１０）を迎えた。彼と一緒に今後の身の振り方を相談する積りで呼び寄せたのである。

「わたしはおしまいだ……もう先へは進めない……どこかでこの世からおさらばしなければならぬ！」と彼に口走っている。

相談の結果、日曜日は丁度「ドン・ジョヴァンニ」公演があり、それを観る。月曜日は友人の楽長ユーリウス・エッケルトの家で過ごし、火曜日出発と決まった。行き先は南ドイツ・ラウエ・アルプ山中の村で身を隠し「マイスタージンガー」第一幕の完成に専念することである。

その月曜日エッケルトの家で過ごしている彼のもとに、かなり夜がふけてからバイエルン王付宮中秘書官フランツ・ゼーラフ・フォン・プフィスターマイスターと称する男の名刺がワーグナーに渡されたが、不在である旨をその男に伝えさせた。

ところが宿に戻った彼のもとに、ミュンヘンから見えた方が至急に面会したいと申されています、という取次があった。彼は翌朝来るように取次の者に言わせたが、どうせろくな用件ではあるまいと見当をつけていた彼は、落ち着かぬ一夜をあかした。

翌日彼は、そのバイエルン王付宮中秘書官を宿の自室に通した。ペンツィング（ウィーン）、マリーアフェルト（チューリヒ）と彼の後をむなしく追い求めた宮中秘書官は、もし彼が「ドン・ジョバンニ」を見るために出発を延ばさなかったなら、シュツットガルトで

現在のシュツッツガルド駅

元ホテル……現在は商業施設

現在のオペラハウス玄関

も彼を捕まえ損ねるところだった。宮中秘書官はルードヴィヒ二世の写真と高価な指輪を彼に手渡した。その言葉によれば、この石がきらきらと輝いているように、「ローエングリーン」の作詞者であり作曲家である人に会いたいという熱望に王は燃えておられる、ということであった。

3年前、1861年2月2日ミュンヘン宮廷歌劇場で「ローエングリーン」を観劇、これが決定的運命の出会いのきっかけとなった。

〝恵み深い若き王よ、わたしの人生と私の作る詩と音楽のすべてを謹んであなたに捧げます。〟〝今後はそれらを王の所有物とみなされて、どうか存分になさってください！〟（1864年5月3日付）そして奇跡が起こった。

5月4日彼はミュンヒェンの王宮でルードヴィヒ王の前に立っていたのである。ワーグナーは今までの借金を王に肩代わりしてもらい、住居もシュタルンベルグ湖畔「ペレット荘」に入居、手厚い庇護を受ける。

夫ビューローの許可のもと6月29日二人の娘と共にコジマ来る。その八日後ビューローも来るが此の八日間は二人にとって決定的になる……9か月後ワーグナーとコジマの不倫の子供イゾルデ（1865~1919）が誕生する。1864年10月ワーグナー、ミュンヘンに転居、ビューロとコジマ夫妻もベルリンからミュンヘンに転居している。

１８６４年12月４日「さまよえるオランダ人」ミュンヘン宮廷劇場にて初演。

コジマはワーグナーの分身である。秘書として働き、王室とのパイプ役をこなしている。

一方、宮廷内では政務に全く未経験の王ルードヴィヒ二世に対して重要な決定事項からほとんど遠ざけられ、政治上の決定はバイエルン議会の両院でなされた。このような現実により、政府閣僚たちとの間に深い溝が出来、国政に対する興味は薄れてゆく。

ペレット荘とプレート

ミュンヘン時代の住まい Brienner str 37

彼が理想とした政治はフランスのルイ14世の専制的君主制であり、もはや19世紀には存在しなかった。

ルードヴィヒ二世は国務を放擲、ワーグナーにのめり込んでゆく。そしてワーグナーの思想、政治理念（反プロイセン的な）が深く彼の脳裏に刻まれていった。父王は厳格な教育を授けたが急逝により国民の代表たる王とその任務に対する準備が成されていなかった。そのため、ただ権力意識、帝王意識（専制君主的）だけが目立つようになり宮廷内の統率が不十分になっていった。

そのような情勢下のもと1865年6月10日ミュンヘン宮廷劇場で「トリスタンとイゾルデ」が初演された。指揮はハンス・フォン・ビューロであった。

ワーグナーはミュンヘンで祝祭劇場建築費（予算費用五百万グルデン）を国王と約束していたが宮廷内閣僚から猛反対され、また政治にまで口出しするようになり宮廷内、ミュンヘン市民そしてバイエルン国民からも反ワーグナーの圧力が浸透し、ミュンヘンから去らねばならなくなっていった。時に１８６５年12月10日の早朝であった。

ルードヴィヒ二世は内閣から退陣を求める脅しを受ける。そして王はワーグナーに対して渋々ミュンヘン追放令を出した。王はミュンヘンを益々嫌いになる。

ワーグナーはミュンヘンを去り、また「隠れ家」探しの放浪生活に戻った。

ワーグナーにとって「隠れ家」とは……安穏とした心で、思考、作曲活動が促進できる場所であった。

コジマは１８６６年３月ワーグナーに呼ばれミュンヘンからジュネーヴへ。一か月間共に過ごす。そしてジュネーヴから遠出をしてルツェルンへ同行している。ルツェルンのここトリープシェンがワーグナーの「隠れ家」になる。

〝ようこそ我が運命よ、トリープシェンを隠棲の地にしよう！〟

ルツェルン湖畔トリープシェン到着は１８６６年３月30日聖金曜日であった。

4月15日ワーグナーは居を移し「マイスタージンガー」の作曲に専念する。ワーグナーはビューロを助手として依頼、ビューロ応じる。子供とコジマは先に向かい5月12日にトリープシェンに到着している。そして後述のルードヴィヒ二世の僥倖を5月22日に得るが、ふたりはびっくり仰天。ルードヴィヒ二世はふたりの潔白宣言を盲目的に信じていたが、彼らの関係を知るに及び、その失望はいかばかりであったろうか。

また、ビューロは妻コジマとワーグナーの関係は判っていた。〝しかし私の人生はワーグナーを通じて生き、ワーグナーの苦悩は自分の苦悩である。彼への忠誠が必要とされている今、どうしてワーグナーを切り捨てることが出来ようか。多くの恩恵を受け、ドイツ人の理想であり、この天才を〟！……

当時バイエルン王国の政局は非常に複雑でドイツ民族統一について「大ドイツ主義」と「小ドイツ主義」が対立していた。

「大ドイツ主義」とは、ナポレオン失脚後のウイーン会議で誕生した「ドイツ連邦」を土台とし、その議長国であるオーストリアが旧神聖ローマ帝国の全域をドイツとして統合しようとした動きである。

「小ドイツ主義」とは、オーストリアを排除してドイツ民族だけで国家を作ろうとする動きであり、その中心は強国プロイセンであった。

1866年5月ついにバイエルン議会はオーストリア側に附くことに決定、プロイセンとの戦争に備えて動員令を出す。

開戦直前こんな秘話がある。

ビスマルク（Otto von Bismarck 1815〜1898侯爵、プロイセン王国宰相）がフランツ・ヴィレを通じてワーグナーに接触してきた。

ヴィレとビスマルクはゲッティンゲン大学時代の学友だった。そんなことでヴィレは親プロイセン派でもあった。

ビスマルクはワーグナーに是非この戦争でバイエルンはプロイセンに与する様にと、ルードヴィヒ二世に強い影響力のあるワーグナーに目をつけ、取り組もうとヴィレに依頼している。

親書を携えヴィレと妻のエリーザはトリープシェンへ出かけるが、ワーグナーは断った。

王は、このような緊迫した状況下であっても政府に通知せず、ひとり王宮を離れトリープシェンへ。ワーグナー53歳の誕生日に訪ねた。出迎えたのはワーグナーとコジマであった。政府および市民はこの事件に対して益々王に対し不信の念を増長させてゆくが、ワーグナーとの親密な関係、資金援助等は持続された。

ワーグナーは1866年7月14日にルードヴィヒ二世宛、手紙で以下のような文面を書き送っている。

……あなたの、若き国主の生活を取り巻いております恐ろしい事件と陰鬱な不安のさなかに、わたしが今「マイスタージンガー」の第二幕に音楽の生命を与えるのに用いておりますこの上なく快活な形成力のことをお伝えいたしますのは、愚かしいと思い召されますか。あるいは賢明と思し召されますか。もしそれが愚かしいといたしますと、そこにはきっとそれなりの大きな、深い、ことによると痛ましい理由があるに違いありません。と申しますのも、裏切られ、救いがたいまでに腐敗した祖国に対する激しい気遣いによりまして、先ごろこの上なく苦悩を心一杯に感じつつ身の引き裂かれる思いを致しておりました私を……つまりそれは、かつて私が裏切られたドイツとその社会での芸術の惨めな状態に対して永遠に背を向けました折に、ニーベルング劇の大建築をわたしの頭に吹き込んで、あたかもこの夢想された気高いドイツの何かが世界に公示されることになるかのように着手した凡てのものの完成を今督促いたしますのと同じ感激であります。いまや私は一切を完成することでありましょう。そしていまや完成作品に、微笑みながら着手することができるのです。と申しますのは、その作品のモットーは次のようなものだからです。

「たとえ神聖ローマ帝国がもやとなって溶け去ろうとも、我々には変わりなく神聖なるドイツの芸術が残るのだ！」でございますから。このモットーを先頭に立てて、私たちは「マイスタージンガー」に着手しようではございませんか！

このプロイセンとの戦争は三週間で終わったがバイエルンにもたらされた被害は途方もなく大きかった。8月22日講和条約が締結。主権の大幅譲歩、賠償金三千万グルデンの課徴金等であった。

この普墺戦争（66年6月勃発）はプロイセン側（ヴィルヘルム1世、ビスマルク）＝北ドイツ連邦、ハノーファ王国、イタリアの連合

オーストリア側（F・ヨーゼフ1世）＝オーストリア、バイエルン王国、ザクセン王国の連合による戦争であった。

バイエルン議会は親オーストリア派の首相ルートヴィヒ・フォン・デア・プフォルテン（1811～1880バイエルン王国およびザクセン王国の政治家・法学者。クリミア戦争と普墺

戦争の時期、2度にわたりバイエルン王国首相を務めた）を支持、直ちにオーストリア支持を打ち出したのである。

しかし、この敗戦により内閣は改造され、今度は親プロイセンへと斜傾してゆく。ワーグナーは1867年3月ミュンヘンに再び立ち入ることを許される。

そして、この矛盾だらけの利己主義な男、ころころころころ思考が変わり、だんだんと親プロイセン派へと変わってゆく。

1867年1月22日ルードヴィヒ二世と敬愛するオーストリア皇妃エリーザベート（愛称シシー）の姉妹でいとこにあたるバイエルン王女ゾフィー・シャルロッテの婚約が取り交わされ、婚儀は1867年10月27日と決められた。国を挙げての祝祭行事が用意され金色の馬車、記念硬貨の鋳造等出来上がったが、突然10月10日になって若き王は婚約解消した。まさか、この解消の原因がワーグナー、コジマの不倫に端を発していることはないだろう。

更にこの年、ミュンヘン祝祭劇場（設計はG・ゼンパー）の建設が白紙に戻され、代わりにノイシュヴァンシュタイン城の建設を6月に発注している。

1867年6月21日「マイスタージンガー」初演、ミュンヘン宮廷劇場にて、指揮はハンス・フォン・ビューロであった。

王来賓のもとワーグナーは来賓室に席を取り、市民から憎悪が再燃する。

しかしコジマにとっては、この「マイスタージンガー」の大成功は、王とワーグナーの中に入っての苦労が、革命的な作品を生む原動力となって結実した証であった。つまりワーグナー作品をビーブリヒ等に於いて自分が直接係わった最初の作品なのである。

1870年初頭、欧州の政治情勢は益々緊張の度が増してきた。プロイセンとフランスの間の戦争は不可避となってゆく。普仏戦争である。バイエルン議会は1866年の講和条約の通りプロイセン側に付くことで可決。ルードヴィヒ二世は動員令に署名した。

普仏戦争における戦いの一つに「セダンの戦い」がある。この戦いでフランス軍の主力は全面降伏した上、最高司令官たるナポレオン三世が捕虜となったため、戦争の趨勢を定めた戦いとなった。

1870年12月2日ルードヴィヒ二世はビスマルクに書簡を送っている。「お世辞抜きにあなたは今世紀の数ある偉人の中でも最上位を占める人である。」と。

そして1871年1月18日プロイセン王ヴィルフェルム一世の戴冠十周年記念日にヴェルサイユ宮殿鏡の間においてドイツ皇帝の即位式が行なわれた。ドイツ全土から王候貴族が戴冠式に列席したがバイエルン国王ルードヴィヒ二世の姿は見られなかった。ドイツ帝国の成立により、全ての重大事項の決定はベルリンで執り行われ、ルードヴィヒ二世の権力は喪失する。

さて、ルードヴィヒ二世とワーグナーの関係はどのように変化していっただろうか？1869年9月22日「ラインの黄金」1870年6月26日「ワルキューレ」をワーグナー不在のうちにバイエルン宮廷劇場で催されている。指揮はフランツ・ヴュルナー、これにはいろいろな思惑が両サイドにあっただろうと思われる。

まずルードヴィヒ二世サイド。当然この催しは宮廷内に広く行き渉っていたし、これだけの資金援助を惜しみなくしてきた結果であり、あらゆる権限はわたし（宮廷）にある。（ワーグナーの他の作品も含む）一方ワーグナーサイドは建て前上この「リング」は四部作で別々個々に上演するものではない。と芸術性で訴えたが、

この時すでにワーグナーはルードヴィヒ二世を新生ドイツ帝国の内の一つの国王として

捉える。そして新皇帝ヴィルフェルム一世、首相ビスマルクたち普仏戦争勝利者へとスポンサーの鞍替えを考え出していたのである。そこで一計、ルードリヒ二世にバイロイト祝祭劇場建設に協力するよう要請状を書いている（1871年3月）が宮廷内の猛反対に遭う。しかし諦めない。ここでワーグナーは両方（ルードリヒ二世とビスマルク）に期待する。1871年5月3日の「コジマの日記」には「ビスマルク侯爵に招かれたリヒャルトは、裏表のない大人物だと大いに満足して戻ってきた。リヒャルトが尊敬の思いを告げると、ビスマルクは〝わたしの功績と言えるものがあるとすれば、時折王の署名を取り付けたことぐらいですよ〟と答え〝ただ、王冠に穴を見つけて、そこから煙りぬきをしただけです。〟と語ったそうだ。開けっぴろげで気さくな語り口や全幅の信頼と好感を抱かされる、心から打ち解けた様子など、侯爵の真に愛すべき人柄にリヒャルトはすっかり魅了された。

しかしリヒャルトはこうも述べた。〝双方ともそれぞれ自分の領域から相手を観察できたのにすぎない。彼と関係を結ぼうとか、味方につけようとか、自分の計画への支援を仰ごうとか、そんなことは考えもしなかった。しかしこの出会いは、これから先ずっと、わたしにとって極めて大きな価値のあるものとなるだろう。〟そして5月5日ベルリン王立歌劇場で皇帝、皇后の臨席の下、ワーグナーの指揮で自作の「皇帝行進曲」を演奏、熱狂的に歓迎された。

利己主義的、矛盾だらけのワーグナーはビスマルクにバイロイト祝祭劇場建設の支援要請を考えていた。一方のビスマルクは政略のための道具としてしかワーグナーを考えていなかった。普墺戦争が始まる直前にルードヴィヒ二世にプロイセン側に与するようワーグナーに依頼した事も、今となっては帝国内の一つの国である。ビスマルクはワーグナー芸術には全く興味が無かった。

ルードヴィヒ二世はワーグナーへの友情と愛情を保つため資金援助を継続、次作の「パルシファル」の作曲を促している。それによって宮廷内の政治的策略が反ワーグナー派によって益々強くなる。王は人間嫌悪が強くなり孤独を愛するようになる。アルプス山麓に馬車、橇を走らせ楽しむことが多くなる。

このころに孤独な王に纏わる伝説が形成された。無邪気で素朴な民衆の間で「メルヘン王」という愛称が持て囃された。

王はひとり自分の世界に没頭する。全てが貴く美しく、悪しきものが入り込む余地の無い世界を創ることに傾倒していった。城の建築である。其の現れとして「ノイシュヴァンシュタイン城」の建築が１８６９年定礎され促進されていった。

王はワーグナーに書き送っている。「私はホーエンシュヴァンガウの古い城の廃墟に新しい城を建てようと思っている……見つけうる限り最も美しい場所です……」もう少し詳しく述べると

マックス二世（ルードリヒの父）は1832年〜1838年の間にシュヴァンシュタイン城の跡にホーエンシュヴァンガウ城を再建した。（現在の城である）

ルードヴィヒ二世はノイシュヴァンシュタイン城を建築したが、その地は今は無いフラウエンシュタイン城と、表ホーエンシュヴァンガウ城と裏ホーエンシュヴァンガウ城二つ城があった跡地の岩山である。

建築には王宮建築主任エドアルト・リーデルの設計をミュンヘンの画家クリスティアン・ヤンクが判りやすく完成画にした。

1869年〜1873年にまず城門館が建てられ、内部も仕上げた。3階を王の独立した居間とし、2階には快適な部屋を設けて全体の建築監督を行なえるようにした。1873年より本丸の王の館の建設に集中した。本丸は1883年に完成し1、2、4、5階が仕上がった。1884年の春には4階の王の住居は入居できるようになった。ルードヴィヒ二世は1886年6月死去するまで約四分の一をここで過ごした。

また、この突然の死によって作業が止まり、作業開始前の契約はすべて解消された。(各階の部屋の壁画、装飾品についての説明は世界中に広く伝播され、有名になっているので説明は省略する。リンダーホーフ宮、ヘレンキームゼー城も同じ)爾来、この城は、観光を目的とした城として脚光を浴びてきた。

リンダーホーフ宮築城は１８７４年である。

このリンダーホーフ宮は既に15世紀に修道院エタールの所有物であった。その経営を任されていたのがリンダー家であることからこのように呼ばれていた。

またこの宮の庭園には大きな古い菩提樹の木が今もある。これも名前の由来として語り継がれている。人間嫌いな王はこの場所を「逃避の場所」と考えていた。ルードヴィヒ二世は周囲の土地を買い増し、何回も改築させた。その為原型が止まらず(設計図は勿論都度のものはある)現在に至っている。

ヘレンキームゼー城

キーム湖の中の島々には大昔から人が住んでいた。ヘレン島、フラウエン島そしてクラウト島である。ヘレン島に男修道院、女修道院が建ったのが8世紀である。10世紀にはザルツブルグ教区になる。１８０３年教会財産国有化により修道院は解散する。島は一般公開のもと競売にかけられ商人の所有になり転々とする。

そして1872年ヴェルテンベルグの木材販売企業連合が買い取り、島の森を伐採し始めた。これを見てルードヴィヒ二世が介入、1873年に彼の城のための建設予定地として島を買収した。

彼はこのヘレン島を入手する以前からヴェルサイユ宮殿を模範とした城を建設し、専制的王権を賛美する夢を見ていた。当時はその城の建設地としてリンダーホーフ宮近郊のグラスヴァング渓谷が予定されていたが変更した。

1868年～1873年に建築家ゲオルク・ドルマンはこの新しい城〈我は国家なり〉のために13通りの建設計画案を作成している。このプロジェクトは太陽王ルイ14世の根本をなす国家的行事に使用された部屋のみを手本として作られている。それらは宮廷の中庭を見渡せることが出来る謁見のための寝室、その背後には戦争と平和のホールに囲まれた鏡のギャラリー（歩廊）等である。これらヴェルサイユ宮殿を手本にしているが採寸的にはヘレンキームゼー城の方が広く、従って部屋も大きい。（バイエルン州・宮殿、庭園、湖沼管理局・W・Kienberger 出版1992）

ルードヴィヒ二世はヴェルサイユ的専制的君主を内外に誇れる国家的行事に使用される

部屋、そういうスペースがあれば充分であったに違いない。

ルードヴィヒ二世は戦争による疲弊、ワーグナーへの資金援助、城つくりの負担が財政上ピークになっていて、閣僚たちからの支出削減の苦言にもかかわらず、一向に省みず、ついに1876年夏バイロイト祝祭劇場が開幕する。祝祭劇場の建設費、歌手たちの人件費等開幕までの殆どの支出はワーグナーへの貸付金としてバイエルン国金庫から支出された。

王は開幕に先立ちゲネプロを観覧8月5日の深夜にお召し列車で来た。滞在中の宿泊は「エルミタージュ宮」である。「リング」を一通り観、9日ホーエンシュヴァンガウさして帰城した。

12日からの幕開けで、なぜゲネプロを観に来たか？　なぜ初日を観なかったか？　いろいろ憶測が飛び交うが、12日のオープニングにはドイツ皇帝ヴィルヘルム一世が来臨することになっている。ルードヴィヒ二世はこのため遠慮してゲネプロだけに止めたが、また27日～31日までの間4連夜再来している。

ビスマルクも招待されていたが、ついに来なかった。
この第一回バイロイト祝祭劇場「ニーベルングの指輪」公演は大赤字に終わった。
財政的な後処理についてバイエルン内閣とワーグナー（コジマも）との間で話し合いが

エルミタージュ宮（上）とエルミタージュにある狩猟室から祝祭劇場が望遠できる

何回も持たれた。（コジマ・ワーグナー参照）

王とバイエルン内閣との間にワーグナーへの資金援助、城造りによる出費等財政問題で大きな深い溝ができ、修復不可能になってゆく。益々人間嫌い、孤独になってゆく。そしてホーエンシュヴァンガウ城とノイシュヴァンシュタイン城に引きこもることが多くなる。

一方のワーグナーは「1876年の舞台祝祭劇をふりかえって」のなかで「ありがたい魔力のおかげで、わたしたちのやることは何もかも立派なものになった。こうした経験に基づく固い信念こそは、わたしがあの日々に得たもっとも素晴らしい収穫であった。」

人の金をあてに自分の芸術最優先、利己主義、矛盾だらけの性格、これらによってルードヴィヒ二世を益々蝕んでいったのである。

この魔力とは？　一体なんだろうか。それはワーグナー作品の宣伝文句、「ドイツ的」、「ドイツ精神的」なものを国家事業として催すことであった。

またイギリスの有名な伝記作家アーネスト・ニューマンは……彼（ワーグナー）をほんとうに理解したただ一人の人間、〈気のふれた〉バイエルン王のおかげで、かれは心配に身の痩せ細るような思いをしないで、夜も安眠できるようになり、彼に残された精魂の全てを「パルシファル」の完成に専心できるようになったのである。と言っている。

ワーグナーは「パルシファル」を大層に「舞台神聖祝典劇パルシファル」と命名した。そしてグルネマンツに第一幕で次のようなセリフを言わせている。「……神々しい光が聖杯から発し夢の中のように主の聖なるお姿が現れはっきり読み取れる銘句を示し給うた。「同情によりて知を得るきよらかな愚か者。われの選びたるその人を待て！」である。清らかな愚か者＝ルードヴィヒ二世である。

メタファ（隠喩）として実しやかに使っている。

１８８２年７月26日バイロイト祝祭劇場にて舞台神聖祝典劇「パルシファル」が初演されたが、ついにルードヴィヒ二世は現れなかった。指揮はヘルマン・レーヴィであった。

ワーグナーは「パルシファル」の完成後すぐに仏教聖典劇「勝利者たち」の台本作成に取り掛かるつもりであった。散文草稿は古く１８５６年５月チューリヒ時代に書いていて今までずっと暖めていた。しかし「パルシファル」のバイロイト初演以来、体調が芳しくなくヴェネチアで静養していた。台本は自分が書くが、作曲は息子ジークフリートに任せたい。と「勝利者たち」についてコジマに言っていた。１８８２年の暮れにヴェネチア・フェニーチェ歌劇場において自作「ハ長調交響曲」を指揮する。これが最後の指揮となり翌年２月13日午後心臓発作のため死去。16日鉄道霊柩車でバイロイトへ17日バイロイト着、

18日遺体は国王からの弔花で飾られ「ジークフリートの葬送行進曲演奏の中、駅前からヴァーンフリート私邸へ、邸内裏の墓所に土葬された。

ルードヴィヒ二世とグッテン精神科医

ルードヴィヒ二世が理想とした政治はフランスのルイ14世の専制的君主制であったが、もはや19世紀には存在しなかった。ドイツ国内の大国バイエルンの国王でありながら自分の意のままに政治を動かすことが出来ず、政治からだんだん離れ、芸術、なかんずくワーグナー芸術にのめり込み、それが避難所になりワーグナーへの援助を打ち切ることが出来なかった。

一方ワーグナーは彼に拝謁後、間なしにルードヴィヒ二世の弱みを見抜いた。そしてうまく調子を合わせ（ドイツ精神とは何かとか、国家的事業とか）洗脳してゆき、援助交際を最後まで続けさせたのである。

さて、そんな中ワーグナーが死んで益々ルードヴィヒ二世はノイシュヴァンシュタイン城に篭る日が多くなる。議会が麻痺、政情不安定になる。バイエルン内閣は王族とも協議し、いよいよルートヴィヒ二世の廃位を考える。バイエルン首相ヨハン・フォン・ルッツはベルンハルド・フォン・グッデン精神科医ら他3人の医師に王を精神病と認定させ、禁治産者にすることを決定した。しかし王位はそのままにし、摂政制を適用し彼はルイトポルト（Luitpold 1821〜1912ルードヴィヒ一世の三男でルードヴィヒ二世は甥になる）に打診、了解を取る。（1886年6月9日）実情はバイエルンの経済が破綻寸前の状態にあったことがその真の理由だったと考えられているが定かでない。

グッテン教授（Johann Bernhard Aloys-von Gudden）は1872年ミュンヘン大学精神科教授、バイエルン州立精神病院長となりミュンヘンに赴任している。

以下はグッテン教授に同行している医師ヒューバート・フォン・グラスヘィ（1839〜1914 Hubert von Grashey グッテン教授の甥）が著した7日〜13日の記録である。

1886年6月7日バイエルン内閣からルードヴィヒ二世は精神病に侵されている。その為執政上障害をきたしている。との意見書が示され、グッテン教授に鑑定するよう命令が下された。グッテン教授は精神病学上の見地から概略この意見に賛同している。しかし有力なる鑑定をなすため、政府が直接収集した確実な鑑定材料を要求した。但し王に拝謁して直接診察することは、もとより不可能であった。やがて与えられた鑑定材料につき精査し、欠点無きことを確認。同行の精神科医三人がミュンヘンに呼ばれ、鑑定をなすべく命令を教授から受けた。

この日はグッテン教授の62回目の誕生日であった。教授はこの日鑑定材料の整理、診査、鑑定準備に費やした。

1886年6月8日午前9時に我々医師団会議。教授は鑑定材料並びに鑑定の秩序或る方針を示し、各方面からの鑑定材料も符号一致した。もはや何人もルードヴィヒ二世の精神病を疑う余地がない。正午、清書ができた。この鑑定に基づいて摂政政治の開始が決定されるのであるが、王には秘密裡に行われた。

1886年6月9日政府は早速ルイトポルトに打診、了解を取る。

1886年6月10日政府は摂政の発布を行う。ルードヴィヒ二世と弟オットーに代わってルイトポルトが摂政の任についた。議会は15日に召集されることになった。グッテン教授は9日午後から政府医員、医師、看護人と共にホーエンシュヴァンガウに向かって出発し王に随伴して王の療養所と定めたリンデルホーフに護送し、医療上の万端の整理を完結した後、ミュンヘンに帰る予定であった。しかしこの予定を瓦解する大事件が起こった。

一行がホーエンシュヴァンガウ及びノイシュヴァンシュタインに到着するや、はからずもグッテン教授たちは武装した王たち側の抵抗に遭遇、ついに空しくミュンヘンに帰らざるをえなかった。

情報は早くも王の耳に達し、たちまちにして王は全近郊の憲兵隊、消防隊を召集してこれに備えたのである。宮殿の入り口に配置した憲兵隊は王の命令で政府委員の入場を拒絶した。政府委員の説得も無駄であった。また説得に来た閣僚たちも捕縛された。結局憲兵隊をはじめとした王側は王の命令を鵜呑みにしていた。ミュンヘンに於いて宣言された摂政政治の情報がやっと、ここノイシュヴァンシュタイン城に届いた。憲兵隊もようやく納得、一同を放免した。政府側がミュンヘンに午後10時15分帰着した。

1886年6月11日午前、内閣は善後策を検討グッテン教授も列席した。その結果リンデルホーフは王の療養所として不適当である。新たにシュタルンベルク湖畔のベルグ城にする決議をした。午後教授は助手、看護人及び憲兵大尉と共にノイシュヴァンシュタイン城に向かって出発、王に説明しベルグ城に移ることを伝え了解を取る。

この経緯をもう少し詳しく記す。

教授がホーエンシュヴァンガウに到着したのは午前1時ごろで、王に随伴してベルグ城に向かって出発するまで約3時間の余裕があった。教授は城内の形勢を知るため部下を供にノイシュヴァンシュタイン城へ赴く。王の給仕に面接、「王は今多量のラム酒を飲み、非常に興奮されている。王はわたしに城塔の鍵を請求された、いかがすべきか?」(王はここで既に自殺を考えていたのでは)これを聞いた教授は「鍵を渡せ」と。自分も部下とともに階段の入り口に隠れて、王の来るのを待つから……やがて王が階段を昇るのを見るや、上から下から呼応し王の前後を占拠した。教授自ら、驚愕せる王の面前に出て、王に帰室を懇願した。約3時間諄々として王に凡て事情を説明した。是において王も次第に沈静してベルグ城に向って出立することに納得し午前4時なんら拒絶することなくして車中に乗せ、御車両には看護長を同行させ、助手及び残余の看護人は馬車にて前駆し、教授は他の馬車にて王に随従した。やがて8時間の旅もなんらの故障もなく1886年6月12日正午、無事ベルグ城に到着した。

王は全く沈静し教授と談話しながら居室に入り、医師の請求するままに凡て唯々(いい)として応じた。尚二人の看護人は次の間に控え、他の看護人は王の給仕及び見張りをなすこととなった。午後に至り一時間ほど閑暇があり教授は自室に戻り打ちくつろいだ。そして今までの経過の好都合に満足した。

また王の看護上に関し、王は非常に己の生命について恐怖心を有し殊に武器を恐れ、興奮すれば直ちに自殺を思い、興奮して多量のラム酒などを飲めば如何なる変事をしでかすかかも判らぬ故、王を看護するにはできるだけ取り扱いを丁寧に恭敬にして、殊に興奮時には多量の酒精飲料をあたえることを避けねばならぬと警戒された。つぎに王はなるべく

今はヴィッテルスバッハ家の管理になっているベルグ城（上）と案内板（下）

独居することなく、時々医師又は宮内官は、王を促し王に随伴して規則正しき散歩をなさしめ、王の心を作業に傾けるように勤め、日中はよく見張り、夜中は安眠を採らしめるよう注意された。12日の夜、王は安静にして寝床のなかに入られた。

1886年6月13日午前教授は王に拝謁を申し入れて許可された。8時15分に至り自分も拝謁した。自分は王の寝床に進んで約半時間談話を交えた。王は始終安静で懇ろに談話された。この日王は教授の動議によって午前10時、教授とともに第一回の庭園散歩を試みることとなった。庭園は湖に沿う形で歩道も湖に並行してある。城のあたりは湖岸から50メートルも離れているがだんだん終点近くになると道は湖岸に近くなる。王と教授の前に憲兵、後方30歩ばかりのところに二人の看護人が随行。暫くして教授は看護人に向かって手まねで今少し間隔を保つよう命じた。看護人はすぐ理解し間隔を取った。そのほかなんらの故障もなく終結した。

昼食後教授は散歩中の経過についていろいろ話が我々にあった。そして午後4時ごろ王に第二回目の散歩を試みる勧めをするために拝謁した。王は先行している憲兵について「社会党員の潜み居るや」と教授に問うたそうだ。二回目からは外した。午後6時半、日は未だ没せぬころ、散歩道は第一回目と変わりなし。然るに間もなく看護人は先生から

「立ち返れ」と命令を受け城内に引き返した。散歩道は王と教授二人になり庭園の終点の近くに差しかかった時に奇禍が起こった。

王が散歩前、多量の食事をなしたことは特記しておかねばならない。庭園の終点の近くより湖畔に向かって両人の足跡が走っている。湖岸より16メートルのところの砂上に両人の足跡が多数乱れている。教授の屍体は庭園の終点から湖岸線へ北50メートルの浅い水中に、王の屍体は湖中に浮かんでいた。

検屍の結果からその時の状況を仮定したら次のようになると、記している。

教授は王とともに庭園の終点まで達し、帰途に付かんとする瞬間に王は湖畔に向かって突進したのであろう。教授は無意識に救いを求めながら王に追いつき上衣を捕まえ爪の剥離するまで引き止めたが王の上衣が脱げて格闘になった。王は右手で教授の頸部を掴み、指で強く圧し水中に押し込み溺死させた。その後自分は深みへ深みへと行き溺死したのではないか？

この際王は自殺の目的をもって湖畔に走ったので、決して逃走の計画をなし失敗して溺死したのではない。もし仮に逃走の目的をもって遊泳中溺死したるものとするならば歩行して達しうる程の浅水中で溺死すべき理由がない。

一方において世人および心理学者は精神病者を健康人と同様に心得て、王は散歩に出る前既に予め自殺計画をなしたものであるという者がいる。即ち彼らは王がノシュヴァンシュタイン城にて自殺を企てたること、ここベルグ城においても王は最初より自殺の意思を蔵し、機会が無いか。散歩に出でたるを好機として自殺を遂げたのであるというのである。しかしながらこれは病的心理の事実を知らざる愚論である。王は感情安静なるときは己の生命に関して非常に危惧の念を有し、自ら武器を携えず刀剣に対しては非常に恐怖心を有していたのである。ただ興奮した時、多量の飲酒をなした時はじめて自殺の意思を起こすのである。王は散歩一時間前に多量の食事をしたが、これは王が興奮した時には決して偽らざるところである。もし興奮したとすれば教授も散歩を敢えてすべき筈はない。是をもって案ずるに、王は散歩に出る前自殺計画をしていたのではなく、山々、逃走の目的を持って出たのであろう。しかもその逃走の意思は散歩の途中または教授が帰城を進めた瞬間胸に浮かんだのであろう。遂に王は帰途に着くことを拒み、直接教授に放免を願ったのであろう。かかる場合に精神病医の採るべき手段は患者の精神を問題外に誘導してもって興奮を避けるより他に無い。教授も是を試みたに相違ないが無効だった。遂に王は興奮し、この興奮状態において王は極力逃走を遂行せんとはせずに直ちに自殺の意思を起こしたのである。是は精神病者を知らざる心理学者の到底想像できないところである。しかれども、かくのごとく逃走の意思より突然自殺企画に転換することは精神病者ことに原発性偏執病患者において吾人のしばしば実験するところである。

王は放免の許容せられざるを見て、直ちに自殺の目的を持って湖岸に向かって跳ね入ったのである。教授は見失うことを恐れて看護人を待たずに追跡、水中に入り惨事となる。何人といえどもこの場合、これ以外に採るべき手段はなかったのである。もしも看護人が教授の救助の声を聞いたならばかくのごとき惨事は未発に防ぐことが出来たであろう。

吾人はここに小伝を記して教授の英魂を弔する所以である。Hubert von Grashey「1910年ベルンハルド・フォン・グッテン教授伝」より

シュタルンベルグ湖の石ころ

2018年8月ポール氏の案内でヒトラーが収監されていたLandsberg刑務所、シュタルンベルグ湖（Starnberger see）、そして湖畔のベルグ城、ペレット荘へドライブした。現在のシュタルンベルグ湖は異常な気温上昇のため干上がっていて、当時の遊歩道が湖側へと広く石ころがむき出している。従ってルードリヒ二世とグッテン精神科医とが奇禍により水死したところに建っている十字架の位置が陸地に近くなっている。わたしはそこで「シュタルンベルグ湖の石ころ」を2個拾い土産に持ち帰った。わたしの友人で「石」博士がいる。彼にその石を見せて鑑定をしてもらった。以下は彼の見識ある玉章である。

現在のシュタルンベルグ湖。異常な気温上昇のため干上がっていて、十字架の位置が陸地に近くなっている。ばらの花を手向ける筆者

「ある時錦織さんから石を数個見せてもらったことがありました。「どこの石かわかりまっか？」おっしゃったような、なかったような。ただその石がどんな岩石かはすぐわかりました。片磨岩と呼ばれる種類の岩石で産地は特定されます。日本であれば例えば中央構造線沿い辺りですね。関西で言えば和歌山市近辺。あとは飛騨高山とか日本アルプスとかですね。世界で言えばヒマラヤ、アルプスの山のうえとかですか。「もしかしてアルプスの見えるとこで拾いましたか」と聞いてみると、錦織さんはニヤリ。図星だったみたいでした。アルプスは美しい水晶をはじめ清らかな鉱物の産地です。旅の思い出として大事にしてくださいね」……

友人の名前は大津市在住渕上良信氏であります。

ワーグナーの足跡を訪ねて

ワーグナーとルードリヒ二世との関係は側近たちの抵抗によって自由がきかず成し遂げられなかった。王はこのことによって物心共に人間の威厳を蝕まれてゆく。

わたしは2018年8月8日～11日にかけてシュツッツガルド～ミュンヘン～ヴォルフラッツハウゼン～シュタルンベルグ湖へ旅した。足跡を辿って理解したかった。

シュツッツガルド2018年8月8日。DBシュツッツガルド中央駅からのスタート。中央駅は万年工事をしているとのことだが、日本のJRような通過駅に大改造するそうだ。駅前大通りを渡り、ケーニヒ通り（大きな道の商店街）を20mほど進めばワーグナーが1864年5月1日「ドン・ジョバンニ」を観たシュツッツガルド・オーパーがある。（今は州立劇場）それから200m程ケーニヒ通りを行くと北西角二面を取った大きな商業施設Marquardtbauが見える。ここが1864年4月30日から泊まったHotel Marquardtである。ワーグナーはここで5月2日にルードリヒ二世の使者に会っている。König str 22二階部分の壁にプレートがある。駅～オペラハウス～ホテル約300mの間にすべてがあった。（181頁写真参照）

II

バイロイトの思い出

ヴォルフガング・ワーグナーさんと握手

わたしは2004年のシーズン、8月18日「パルシファル」、8月20日「ラインの黄金」、21日「ワルキューレ」、23日「ジークフリート」、そして25日「神々の黄昏」を観た。

8月20日正午前、劇場裏手からの通路（通路の壁には歴代の指揮者たちの写真が貼られている）をずーっと事務所の前まで入って行きました。そこにはいろいろチラシが置いてありそれを何かなしに見ていましたら、その中に「PARSIFALS TOD」という演出家クリストフ・シュリンゲンジーフ（Christoph Schlingensief）がプレス向けに書いた「パルシファル」舞台演出に対する注釈書があり、それを見ていました。

丁度その時事務所から出てこられ、ばったり！　総監督で当主のヴォルフガング・ワーグナーさんに出会いました。びっくり。私はとっさに〝私は日本から来ました〟と英語で話すと〝おお、よく来ましたねぇ〟と言ってくださり握手をしました。乾いた肉厚のある手でした。カメラを持参しなかったことを今も悔やんでいます。

わたしが、はじめてワーグナーの聖地に足を踏み入れたのは１９９３年「ジークフリート」の切符一枚だけ持って、観に行ったのが最初でした。

「ワーグナーきちがい」にしては大変遅い方で、54歳のときでした。

オペラ・ツアーでゆくことは毛頭考えていなかった所為も有ったからかもしれません。また、チケットの入手が非常に変わっています。

私の友人で京都の私立高等学校ブラス・バンド部連合会の重鎮がいまして、彼から相談話がありました。

毎夏ドイツの市民楽団（高校生から社会人までのアマチュアバンド）との交流会を催しているが、今度我々がホスト役で、彼らが日本に来たとき、我々関係者の自宅を食事つき無料宿泊所として提供することにしているが不足している。ついてはあなたの家もドイツから来る楽団員とその家族に、食事つき無料宿泊所として提供できないかとの相談がありました。期間は10日間程とのことです。私は即刻ＯＫしました。

そのドイツの楽団はバイエルン州ブルグレンゲンフェルト市（レーゲンスブルグの北22㎞）の教会付属市民楽団です。

そして彼らが日本の京都にやってきました。

わたしの家に来たのがホルスト・フィッシャー（Horst Fischer）さん45歳、レーゲンスブルグ出身の方です。職業は障碍者の学校の先生でした。かれは英語が達者です。私は助かりました。家の応接間には大きなスピーカがどっかり、ステレオ装置がすぐ目に付きます。夕食の時、すぐ音楽の話になりました。

無論クラシック音楽ですが、その中でもわたしは特にオペラが好きだ、とわたしが言ったら、にやにやして、どの作曲家が好きですか、と質問、わたしは迷わずイタリア・オペラではヴェルディ、ドイツ・オペラではワーグナーと言ったら、へぇ〜と驚いた様子でした。食後、二階に置いてあるレコード・キャビネットを見て、彼はびっくり。びっしりヴェルディとワーグナーのレコードが並んでいる。そして今「わたしの希望はバイロイト音楽祭に行くことです」と言ったら彼は、わたしの友人がワーグナーファンで良くバイロイトに行っているので、帰国したらスグにでも聞いて、チケットの手配が出来るか尋ねてみます。と言って呉れました。翌年待っていたら吉報が入ってきました。「ジークフリート」一枚だけだが来るか？　とのことで「行く！」と返事して1993年のバイロイト音楽祭「ジークフリート」を観ることが出来たのです。

いろいろ後日考えてみると彼の友人は「リング」4夜共入手していて、この「ジークフリート」だけ私に気を遣って放棄して頂いたのではないだろうかと思ったりした。「リング」は4枚一括でないと買えないルールになっている。

「ジークフリート」だけ、たった一演目だけでバイロイトまで行った。何かに惹き付けられたと思う。不思議なことである。わたしもジークフリートと同じく父親を知らない。私が1歳のときに肺結核で病死したと後に母親から聞いた。そしてこどもの時の遊び場は深い森ではなく三十三間堂の境内、京都国立博物館の広い庭園、秀吉ゆかりの天台宗の名刹方広寺等でチャンバラごっこをしたり、池の魚を釣ったりしていました。中学、高校でのクラブ活動はブラスバンド部に入部、将来の進路を音楽大学（トランペット奏者として）へ進むべくピアノも習っていましたが、高校3年の時、経済的家庭の事情で断念。音楽は趣味にしようと、このとき自分に言い聞かせ、就職活動へと大きく人生行路を切り替え現在に至っております。これでよかった。素晴らしい会社に就職できて……素晴らしい人々と出会って今の私がある。……

祝祭劇場で「ジークフリート」を観た翌日ホルストさんとニュルンベルグで待ち合わせをして彼の自家用車で観光に連れて行って貰った。

1日目はブルグレンゲンフェルト（Burglengenfeld）、レーゲンスブルグ各市内めぐりで、この日はレーゲンスブルグで泊まった。ブルグレンゲンフェルトは非常に長閑な田舎町である。

2日目、朝ヘレンキームゼー城、リンダーホーフ宮へゆき、ミュンヘンで泊まる。3日目は待ちに待ったノイシュヴァンシュタイン城である。

無論、麓にあるホーエンシュヴァンガウ城へも立ち寄る。この日はレーゲンスブルグまで帰り宿泊。楽しい城めぐりであった。ホルストさんありがとうございました。翌日鉄道にてフランクフルトへゆき一日ゆっくりと一人市内見物をした。そして帰国の途に。

Yae & Paul Bachfischer（也恵、ポール・バッハフィッシャー）さんとの出会い

也恵さんは日本人である。正式には田中也恵さんで大阪出身である。彼女の兄さんは銀行にお勤めで、ここからご縁が始まった。

也恵さんとポールさん

当時（1996年の秋ごろ）兄さんは池田銀行京都支店長のポストにあり、私が勤める会社と取引がありました。私は財務、税務の責任者であり都度、数ある取引銀行へ、また池田銀行京都支店へ足を運んで融資の話等仕事の話をしていました。

そんなオフィシャルな話の合間、雑談的な話になり私の趣味、オペラの話を忖度せず1993年バイロイトに初めて行き「ジークフリート」を観た話、またワーグナーへの想いを話していました。その時田中成和支店長は「へぇ！」とびっくり、私の妹はドイツ人と結婚してバイロイトに住んでいますよぉ！こんどは私がびっくりしました。色々なご縁がありますねぇ！

それからと言うもの、とんとん拍子に良い方よいほうへと話が進み、厚かましくも祝祭劇場のチケット入手の手配を妹さんに頼んで頂けないか、また入手の情報等を頼みました。田中支店長は〝一度也恵に聞いてみる〟と仰って下さった。

年が明けて春、也恵さんから兄さん（支店長）へ吉報が舞い込んで来ました。支店長は早速私に電話を下さいました。私は大急ぎで銀行へ行きました。支店長はニコニコされていて〝チケットが取れたと也恵から返事があった〟とのことでした。それによると1997年8月2日「パルシファル」8月3日「ニュルンベルグのマイスタージンガー」各2枚入手されたことを聞かされました。凄い！　何やら名状しがたい気持ちになりました。也恵さん凄い！　支店長に御礼を言い退席いたしました。それから後の日々はワイフとふたりでバイロイト行きについて、色々交通事情、祝祭劇場での服装、マナー等話し合いを致しました。当時、長女晴美が日本航空の国際線スチュワーデスだったので飛行機はＪＡＬに決めました。当日祝祭劇場への衣服についてワイフは着物、私は黒のスーツに色模様の蝶ネクタイ（このころ色模様の蝶ネクタイは西洋人であっても締めていなかった。白か黒であった。わたしが流行らしたと思っている。）と決めました。さて次に交通機関の選択です、フランクフルト空港に到着後、バイロイトまで飛行機を乗り継いでニュルンベルグへ、そこからＤＢ（鉄道）でバイロイトまで行くか、又はＤＢ飛行場駅（Frughafen Fern）からニュルンベルグへ、乗り換えてバイロイトに、つまりオールＤＢ（鉄道）で行くか。どちらにするか思案しましたが、何故かＤＢ（鉄道）にしました。夜遅く無事バイロイト駅に到着、ポールさん、也恵さんの迎えを受けARVENA KONGRESS Hotelへ。御夫妻の心温まる歓待を受けました。

この時から、現在にいたるまで御夫妻とはずっと大いなる交際が続いています。


次は1999年にバイロイトへ行きました。フランクフルト空港からバイロイト空港へ飛びました。この空港はカラヤンが自家用機で来ていたと仄聞しています。'51「マイスタージンガー」「リング」'52「トリスタンとイゾルデ」を振った年です。小さな空港で私が乗った時刻は、その日の最終便でした。日本のYS機のような有視界飛行です。フランクフルトの街が眼下に見え大変綺麗です。飛行機が到着、乗客が全員外に出た瞬間、電気が全部消え空港ロビーは真っ暗になりました。ゲートが早々に閉まり無人になりました。そして外には路線バス、タクシーは全くありません。乗客は各々迎えの車で四散しました。わたしはしまった！　と思いましたが、後の祭り。しかし、ここがわたしの海外旅行の注意深さ。次の行動を必ず上着のポケットに入れています。ホテルの住所、電話番号等です。

そして公衆電話を探しましたら「あった！」ホテルに電話しました。通じました。「今晩から宿泊の錦織です。今空港に居ますが、迎えのタクシーをよこしてください。」「O

フリードリッヒさん（手前　左）達と三澤先生（奥左）、2003

K」。10分ほど待っているとタクシーがきました。やれやれ助かった。この空港への定期便は２００２年に終了いたしました。よき経験でした。そして、この年１９９９年バイロイト友の会（Gesellschaft Der Freunde Von Bayreuth e.v.）に入会しました。

三澤洋史先生とのご縁

三澤先生と僕とのご縁は２００1年3月17日びわこホールで「ワーグナーの楽劇名場面集」という公演があり、指揮と解説をされた。公演終了後、図々しくも面会依頼、気軽にＯＫを頂き楽屋へ。バイロイトのことなど話し合った。これが最初のご縁である。先生は１９９９年から２００３年まで毎夏バイロイト音楽祭で合唱指導をされていた。先生は祝祭劇場の裏手のタンホイザー・ストラッセに面した閑静な家を借りておられた。

歴代の合唱指揮者は１９９９年まではNorbert Balatsch。２０００年からはEberhard

Friedrichが担当、現在に至っている。僕が２００２年にバイロイトへ行った時には大変お世話になった。

まず、祝祭劇場の指揮台に座ったのです！　ワーグナーからフルトヴェングラー、トスカニーニ、クナッパーズブッシュ、カラヤンたちが座った椅子です！　つまりあの穴倉へ入らせて頂いたのです！　もちろんヴォルフガング・ワーグナーさんに了解を取ってである。今でも脳裏に焼き付いている。

また、２００３年には「神々のたそがれ」終演後、三澤先生と待ち合わせて、祝祭劇場からそう遠くないレストランへ、行ってびっくり！

Ｅ・フリードリッヒ（合唱指揮者）とWolfgang Schmidt（ジークフリート役を歌ったヴォルフガング・シュミット）さん達がいました。一緒にワインを飲みワイワイガヤガヤ……談論風発……このような貴重な体験をさせて頂いた。この時撮ったツーショットは家の宝物です。

ちなみに、２０１３年バイロイトへ行った時、マルクト広場の例の本屋のサイン会でＷ・シュミットさんと再会、〝10年前にＥ・フリードリッヒ氏と三澤氏と一緒にレストランでお会いしたが憶えているか？〟と聞いたら"Yes, Yes"〝憶えている〟と。〝あの時のツーショットは家の宝にしている〟と言ったらワハハハと笑って握手、またまたツーショット。

このほか、この本屋でのツーショットは２００５年Robert Dean Smith（トリスタン役のロバート・ディーン・スミス）、２００６年Linda Watson（ブリュンヒルデ役のリンダ・ワトソン）等懐かしい。（前ページ写真）

この本屋は２０１８年に行ったときには洋服屋に替わっていた。

也恵さんから……バイロイトの新聞社「KURIER」からあなたの日本での活躍について取材したいとの申し入れがありました。ついてはあなたのワーグナーへの思い入れ、また関りについて原稿を直ぐに書いて貰いたいとのことで、思うままにその晩に書き上げ翌朝お渡ししました。

２００２／08／14付バイロイトの新聞「KURIER」に載った記事

Wie "ISOLDE" nach Kyoto kam……und warum dort Bayreuther Weißbier und Festspiel-Frankenwein im Bocksbeutel kredenzt warden

何故、イゾルデが京都にきたか……そして、どうしてバイロイトのマイゼル・ヴァイスビールとボックスボイテルにワーグナー音楽祭のモチーフを入れたフランケン・ワインが飲まれているのか?

記者 Gert-Dieter Meier（ゲェアートディーター・マイアー）

BAYREUTH / KYOTO

錦織昭彦氏が「タンホイザー」「ローエングリーン」の前奏曲を生まれて初めて聴いた

のは、きっちり50年前に遡ります。その時はこの聞きなれない音楽を全く理解できなかったものの、何か得体の知れない感動を受けます。

当時、日本はドイツと同様、何もかも失っていまして国民は貧しい生活を余儀なくされ、クラシック音楽をレコード盤で聞く人は少なく、せいぜいラジオを通じてのみ可能という時代であったと、このビジネスマンは語っています。その後、彼が就職して、ようやくこの楽しみが実現、次第にワーグナーとその作品に没頭していきます。「最初は」と錦織氏は告白していますが、「ワーグナーの作品は、私にとって非常に理解し難いものでした。しかし、他の作曲家たちとの比較から、ワーグナーがだんだんと私に近づいてきました。」そして、いつしか、あのワーグナー音楽の最高峰バイロイト祝祭劇場でワーグナーを体験するという決心が熟していったのです。レーゲンスブルグの知人の助けで彼のこの願いは成就されました。

第一歩としての「ジークフリート」

錦織氏が祝祭劇場の前に立ったのは、１９９３年の夏のことです。手には「ジークフリート」の入場券が一枚、決して忘れられないオペラでした。少なくとも現在、ワーグナーに彼は感染してしまっています。１９９９年以来彼は、世界中の芸術奨励者からなる「バイロイトのワグネリアン友の会」の熱心な会員です。

この「友の会」なくして現在の形のバイロイト音楽祭は成り立たないと言われています。この時期から彼は毎年このワーグナーの町を訪れています。歓迎すべきバイロイトの常連客なのです。

彼はバイロイトを知って、愛を学びました。バイロイトの持つ美しさとその独特の雰囲気。勿論彼はこの地でお気に入りのグルメも見出しました。彼は焼きソーセージとマイゼル・ヴァイスビール、フランケン・ワインを好み、そしてそれは後に利用価値をもたらすものでした。

日本国内でクラシック音楽ファンと共に錦織氏は京都に「１８１３会」を発足させたのです。１８１３とは？　ヴェルディとワーグナーが生まれた年です。これらの音楽に心酔している友達が抱える問題、即ちこの作曲家たちの音楽、哲学等話し合える場所が無かったことです。そこで錦織氏は災い転じて福となすと考えます。以前からリタイアメント後は、一流レストランのコックとして職業訓練を習得した息子と一緒に事業を起こすことを考えていたのです。音楽への情熱、息子のノウハウ、そして彼の音楽ファンの仲間を一緒にすれば自然とそこから生まれ出る考え。彼のアイデアは固まりました。「わたしはどうしても、ある一定の場所、そこでワインを片手に仲間とワーグナー、ヴェルディの音楽について語れる場所が欲しかったのです。」と錦織氏。彼は自営のレストランが欲しかったのです。

このアイデアは彼の息子が東京から京都に帰ってこない、という逆転劇に見舞われます。しかし京都の中心街にエレガントなレストランを、という父親の考えは挫折しませんでした。遂に息子が居なくても彼の妻と共に〈イゾルデ〉を開店したのです。

何かワーグナーとバイロイトに関わりがなくてはならないという錦織氏の創意は、ワーグナーの音楽への愛をできる限り多くの人達と分かち合うことを目的とし、又音楽の情熱だけを分かち合うだけでなく、料理の方も関わらなければと考えます。

驚く無かれ、彼はバイロイトの特産であるマイゼル社の小麦ビール（白ビール）と最高級フランケン・ワインを提供しているのです。そのフランケン・ワインにはワーグナー・オペラのモチーフが描かれていることは言うまでもありません。

まぎれも無い付加価値

バイロイトに住む通訳者田中・バッハフィッシャー也恵氏を通じて、錦織氏はゲアード・カウパー氏を知ります。カウパー氏は1996年にフランケン・ワインの外観に〝まぎれもない付加価値〟を与え始めました。今まで既に7種類のワーグナー・ボックスボイテル（ヤギの陰嚢=睾丸を模したボトルの形）を発表して来ました。今年はそれに「ワルキューレ」が加わっています。1900年頃の絵葉書を参考にコンピューター処理で描かれたモチーフをテッタウ（tettau）にある専門業者によって650度の高熱でボトルに焼付けされています。このワーグナー・ボックスボイテルは大変好評で、日本でも同様のようです。しかしワインを京都に出荷するのは並大抵ではないとカウパー氏は強調します。送料がほぼ商品代と同じぐらいかかるのです。梱包や取り扱いにも気をつけねばなりません。

写真、左からG・カウパーさん、私、也恵さん、岡部ご夫婦

12本入りのボックスボイテルを京都に送るのに90ユーロ以上かかります。それにもかかわらずカウパー氏は日本に出荷するのが苦になりません。何故って？「なぜなら日本人の支払いモラルは、こことは大違いだからです。前払いでしかも即刻なのです」

錦職氏のレストランには大方、医者、大学教授、会社経営者等の裕福なワグネリアンが顧客として訪れます。その為ワーグナー・モチーフのボトルが他のワインより多少の高値も是認されています。ビルの3階にあり、20席の広さです。「最上階というのは最適です。」と錦職氏。音を大きくして音楽を聞いても誰の迷惑にもならないからです。

この数日間錦職氏は友人と再びバイロイトに滞在中です。ワーグナーを観て、聞くためです。

既に彼はドイツ語のテキストで歌えるようになったのでしょうか？　彼は否定しています。しかし彼はテキストをそらんじていますし、舞台上で何をしているのかが解ります。正にオペラ観劇のための用意は怠りません。14 August 2002

このような貴重な体験ができたのも也恵さん、ポールさんのお陰です。有難うございました。

ドイツ旅程表（2018年実績）

8/04	関空、全日空（ルフト・ハンザ）LH741 10・05発	フランクフルト 15・00着
8/04	Frughafen Fern→Bayreuth	バイロイト泊（ポール氏宅）
8/05	新ヴァーンフリート、辺境伯オペラ・ハウス	バイロイト泊（ポール氏宅）
8/06	「Lohengrin」 16・00	バイロイト泊（ポール氏宅）
8/07	ワーグナー足跡めぐりマインツ、ビーブリヒ Weihergarten……Schott 社……マインツ Biebrich、ライン河畔に建つ館……ビーブリヒ Dom……マインツ大聖堂	マインツ泊
8/08	Mainz→Stuttgart→Mainz シュツッツガルド……ホテル、オペラハウス、 DBの駅　位置関係確認	マインツ泊
8/09	マインツ→Munchen　ルードリヒ二世とワーグナー。ポール氏、也恵さん合流　ミュンヘン時代の住居 Brienner Str 37、世界最古のビアホール、聖ミヒャエル教会（ルードリヒ2世の死体安置所）	ヴォルフラッツハウゼン泊 （Wolfratshausen） （ポール氏の実妹の嫁ぎ先の邸宅）

8/10	ヒトラーが収監されていたLandsberg刑務所 シュタルンベルグ湖Starnberger see 十字架のあるところ→ベルグ城→ペレット荘	ヴォルフラッツハウゼン泊
8/11	ミュンヘン→バイロイト、夜Maisel Beer	バイロイト泊（ポール氏宅）
8/12	「Holländer」 18・00	バイロイト泊（ポール氏宅）
8/13	「Tristan」 16・00	バイロイト泊（ポール氏宅）
8/14	ニュルンベルグ、ニュルンベルグ裁判があった所。 ソーセージ屋「Posthorn」、ワーグナーはここで食事中、他のグループの大喧嘩を目撃、「マイスタージンガー」２幕７場の喧嘩の場面を発案。ザックスの銅像。	バイロイト泊（ポール氏宅）
8/15	バイロイト→ライプツィヒLeipzig Leipzig Bruhi Str7 ワーグナーの生家プレート。 聖ニコライ、聖トーマス教会。オペラ・ハウス。 ゲヴァントハウス。ワーグナープラッツ。	ライプツィヒ泊
8/16	ライプツィヒ→Frankfurt（Am Main）	フランクフルト泊
8/17	フランクフルト、ルフト・ハンザＬＨ７４０ 13・45発	8/18 関空 7・45着

２０１７年７月25日バイロイト祝祭劇場「ニュルンベルグのマイスタージンガー」を観て

久しぶりにその時代に沿った衣装で、舞台は観やすかったのではないかと思う。この演出家はワーグナーが「マイスタージンガー」を作曲した時代のさまざまな人物と作品の中の人物とを合体させている。

つまり、ワーグナーがこの作品の登場人物を製作した下地になった人物ではないか？　という見

ニュルンベルグのH・ザックス像

方、そんな想像を彼はしている。

たとえば、エヴァ＝コジマ、ワルター＝若きワーグナー、ポーグナー＝リスト、ベック

メッサー＝ヘルマン・レヴィ（ワーグナーは評論家ハンスリックとも）といった具合である。うまい事コジツケたと思う。

ポーグナー、エヴァ＝リスト、コジマは最高のアイデアであると思う。

ベックメッサーはエヴァを娶りたいと好意を寄せている。ワーグナーはユダヤ教からの改宗を迫るがＮＯ。史実でも１８８１年６月28日ワーグナーのもとに一通の手紙が匿名で来る。その中身はレヴィとコジマと関係を結んでいると中傷し、さらに「パルシファル」を純潔に保ち、ユダヤ人によって指揮されることのないように……レヴィはルードヴィヒ二世が指名した指揮者であり、レヴィが「パルシファル」やーめた！　辞められると困るのでワーグナーは迷いに迷った。しかしワーグナーが折れた。

作曲はマインツとヴィスバーデンの間 Biebrich（ビーブリヒ）の館を借り受け書かれた。ハンス・フォン・ビューローはコジマと共に、ワーグナーに呼ばれて当地に来、「マイスタージンガー」の台本１４５ページからなる物を写す作業をする。

ビューローは天才ワーグナーの繰り出す作品に感動する一方、絶望感、自己嫌悪に陥り発狂する。

一方コジマはワーグナーの天才と夫ビューロと否応なしに比較してくる。

女心を引くのは「男の力と孤独感」である。このような心の動きがはっきりしてくる。ワーグナーへの思いが、ぐっと縮まったのが、ここビーブリヒである。

ワーグナーがマティルデ・マイアーと出会ったのはマインツのSchott社（ショット社楽譜出版）がマインツの知人たちのために夜会を社の庭Weihergarten（ヴァイヤーガルテン）

ビーブリヒ、ライン川河畔の館とプレート

で催された時であった。マティルデの彼への第一印象は〝深い悲しみを持った様子〟と言った。

ワーグナーは碧い眼とウエーブした金髪を持つ彼女は、ドラクロワ画くところの若きヨーク公そっくりで聡明で真実味があると褒め称えた。

「マイスタージンガー」の台本が未完成であれば、彼女は「エヴァ」のモデルと見なさ

ヴァイヤーガルテン、ショット社の庭

れたであろう。
結局、ワーグナーはショット社との交渉が不成立となり、家主からも契約解除されウィーンへ去る。約1年の居住であった。しかしその後、ルードリヒ二世の庇護を受けたのでショット社は態度を急変し「マイスタージンガー」68年「リング」73～76年「パルシファル」82年に刊行されている。

第一幕

1875年8月13日コジマの日記から。リスト、ヘルマン・レヴィ、ヴァーンフリートに来るとある。ジークフリートはこの時、'69年生まれで6歳である。ヴァーンフリート荘内、蔵書が三千冊、尊敬している人の絵がある。そして香水、正絹の肩掛け等フランス文化の退廃ぶりを見せびらかしている。同調しているのか？　ワーグナーは元々フランス文化を否定している。ザックスに言わせている。「外国のつまらぬガラクタをドイツの国土に植えつける……」しかし、その後はJ・ゴーティエに頼んでパリから贅沢品を送らしている。此の矛盾だらけの男。次に、
愛犬。この当時ヴァーンフリート荘にはニューファンドランド犬だけでも5頭はいたと

急性肺塞栓で死亡。ルスの墓

現在も残るニュルンベルグ裁判の場所

思われる。ワーグナーは1875年5月1日「リング」の舞台稽古のため劇場へ。ルスは穴倉（オーケストラ・ボックス）まで付いて行く。翌朝死亡。ルスのお墓はワーグナー、コジマと共にヴァーンフリート荘にある。（「愛犬たちが見たリヒャルト・ワーグナー」ケルスティン・デッカー著　小山田豊訳　白水社）ユダヤ系オーストラリア人の演出家バリー・コスキーはこの楽劇でワーグナーの反ユダヤ主義、国粋主義（ゲルマン人種の優越性、文化闘争の象徴）を露骨にだしていると思う。例えば、ベックメッサー＝レヴィ（ユダヤ人）を一幕から終幕まで無茶苦茶打ちのめしている。（ベックメッサー役のヨハネス・マルティン・クレンツレはなかなかの好演である。）

バイロイトから遠くないニュルンベルグの街。その昔、皇帝都市ニュルンベルグは純ドイツ的伝統を示し宗教改革以来ルター派プロテスタントに改宗、当時ユダヤ人は数世紀の間、定住を禁じられていた。ヒトラーによると1838年までの400年間ユダヤ人がいなかった為この街はドイツ文化の中で抜群の地位を占めた。ヒトラーはハンス・ザックス、アルブレヒト・デューラーの都市を民族祭典の舞台に選ぶ根拠になった。そして1927年第三回党大会から以降、毎年ニュルンベルグで開催されていた。

第三幕

ニュルンベルグ裁判の場（第二次世界大戦の戦勝国の国旗でわかる。）何か演出でシニカルな、ひとひねりがあるかなぁと思っていたが、全然無く、何の面白さもなく、ただただ戦後の世界を表出するだけで、むしろその人種差別をバイロイトはワーグナーの思想に当然乍ら迎合した。世界中でこの楽劇を観た人々は、そう感じたと思う。連合国国旗が倒れる、裁判所でお祭り騒ぎになっているという事はホロコーストに対しての責任、自覚がなくお伽噺のように軽く受け止められても仕方ないのでは。第一次世界大戦のベルサイユ条約等を反故にし、第二次世界大戦が始まり、反ユダヤを徹底的に実行し、敗戦後それに対する裁判の場所である……バイロイト祝祭劇場は戦後再開後、度々ナチスを舞台に出している。今回の演出は、バイロイトはこれらのナチス戦犯とワーグナーの芸術とは関係ありませんと言っているのだろうか？　しかしそうとは取れない。事実、劇場内で演出家へのブーイングが起こった。演出家のアイデンティティはどうなっているのか？

三幕一場、有名なザックスの「迷妄の独白」では、じっと長い間ザックスは考え込んでいる。なぜ戦争が起こったのだろうか？　なぜ戦争に負けたのだろうか？　なぜホロコーストへと突き進んだのであろうか？　なぜ？　なぜ？　なぜ？

この場面ワーグナーの設定はザックス（靴職人）の仕事場であるが、この演出では前にテーブルが置いてあっただけで、バックは裁判の場所と共通していたのでこのような思いつき（発想）になる。

なぜ、第三幕をこのような演出にするのか？　よくわからないがこの演出によって、この作品が台無しになった事は、多くの人々が認める事実であると思う。

歌手たちは全員大健闘をしていた。指揮は来年もっと良くなるでしょう。

指揮　Philippe Jordan　演出　Barrie Kosky
合唱指揮　Eberhard Friedrich
ザックス　Michael Volle　エヴァ　Anne Schwanewilms
ワルター　Klaus Florian Vogt　ベックメッサー　Johannes Martin Kranzle

であった。

最近では1997年から始まったヴォルフガング・ワーグナー演出の「マイスタージンガー」が秀逸であった。指揮はダニエル・バレンボイム（前ページ）

ちなみに、今回、エヴァ役を歌ったメゾ・ソプラノ、アンネ・シュヴァネヴィルムスは1998年4月大阪フェスティバル・ホールにて「バイロイト・ワーグナー・フェスティバル」で来日している。この催しはコンサートであったが他の出演者たちも錚々たるメンバーであった。Janis・Martin、Robert・Dean・Smith、Robert・Holl たちでオーケストラは京都市交響楽団、指揮は飯守泰次郎であった。

ワーグナー音楽とヒトラー

ヒトラーは若くしてワーグナー音楽に目覚めた。極貧の日常にありながら、オペラは観ていた。一回オペラを観れば食事は最低のもので我慢した。ヒトラーは14歳のときリンツの劇場で「ローエングリーン」を観、非常に感激した。

それ以降ワーグナー音楽の虜となる。何回も何回もリンツ、ウイーン及びドイツ各地で見聞し、レコードも合わせると尋常な回数ではない。もし政治家でなければ、評伝作家、ワーグナーの論客としても一流である。

アドルフ・ヒトラー（Adolf Hitler 1889／4／20～1945／4／30）がはじめてヴァーンフリート荘を訪れたのは1923年10月1日の朝である。この訪問は政権を取る10年前のことであった。「19世紀の基礎」の著者ヒューストン・スチュアート・チェンバレン（1855／9／9～1927／1／9次女エーファの婿でイギリス人から帰化文筆家）への表敬訪問である。著書「19世紀の基礎」は20世紀初頭のドイツにおいて、人種的、イデオロギー的反ユダヤ主義の聖典の一つである。やがて、彼によってヒトラーのみならずワーグナー家一族も洗脳されてゆく。

1923年9月28日からバイロイトで右派諸同盟の「ドイツ大会」が、ニュルンベルグ大会後、開催された。ヒトラーの演説に先立ちバイロイト市長アルベルト・プロイは挨拶で〝ワーグナーと芸術の街として世界的に有名なバイロイトにとって特別な栄誉である。我々に必要なのはジークフリートの精神であり、また、あらゆる敵に対し、常に勝者として自己を主張することを知り、ただちに世人の尊敬を勝ち得ることができた我々の巨匠リヒャルト・ワーグナーの精神であります〟と。そして、この2日後ヒトラーはヴァーンフリート荘に来たのである。

ヴァーンフリート荘ではコジマ、チェンバレンと面接。まさに彼等にとっては「……きよらかなる愚か者われの選びたるその人を待て」であるが、チェンバレンは、このときヒトラーに対して「ドイツの救済者」と崇めた。コジマの反応は高齢でもあり、ヒトラーに

ランツベルグ刑務所と表札（下）

は関心なかった。そしてチェンバレンは持論を展開、洗脳してゆく。背を押された「愚か者」は恐ろしき使命を受けた。ワーグナーからチェンバレンへと受け継がれた政治的思想を知識とし、自身をオペラのワーグナー神話的人物に仕立てる。国民はそれを盲目的に信じたのである。そして現政権転覆計画をワーグナー家一族に誓う。結果は周知の通りである。ミュンヘン一揆は失敗する。

ジークフリート・ワーグナーと妻ヴィニフレートはヒトラーの勝利の雄姿を見るため当日ミュンヘン、マリエン広場の市庁舎前の群衆の中に居た。

１９２３年11月11日ヒトラーは反逆罪により逮捕、ランヅベルグ刑務所へ。しかし１９２４年４月１日の判決は非常に軽いものであった。禁固五年執行猶予付きで１９２４年12月20日には釈放される。Landsberg 刑務所はミュンヘンから西約60㎞に位置する。彼は出所後１９２５年２月「国家社会主義ドイツ労働党」を再結成する。

ヒトラー、バイロイト祝祭劇場へ初の訪問

１９２５年の音楽祭で「パルシファル」「リング」「マイスタージンガー」を観る。ヒトラーは執行猶予中の身であり非常に控えめな振る舞いであった。ヘレーネ・ベヒシュタイ

ンの招待を受け来場。ヴィニフレート・ワーグナーは御付きで劇場の説明、案内と接待をする。

ヒトラーはディートリヒ・エッカルトから、エドヴィン・べヒシュタイン（ピアノ製造業者の長男でヒトラー支持者）、妻のヘレーネを紹介され上流社会へと昇りゆく。ヒトラーは音楽的な弁舌の才で長年にわたる貧困から逃れ、最高の後援者たちによってシンパ的（経済的でなく国家社会主義的に）教育を受ける。

又、ヴィニフレードとジークフリートともバリバリのヒトラー支持者である。バイロイト祝祭劇場の再興、維持の資金調達はもっぱらジークフリートの役目であった。彼は反ユダヤ主義者からの資金調達は勿論のこと、ユダヤ人の富裕層から、また外国のユダヤ系大企業からも資金を調達し、母親コジマと共に強かな面があった。１９２６年1月ヴィニフレード・ワーグナーはヒトラーからの要請でナチ党へ入党している。

１９２６年5月ヨーゼフ・ゲッペルス28歳の時チェンバレンへの表敬訪問でヴァーンフリート荘に来ている。また、

ゲッペルスは１９２７年1月4日チェンバレンの嫁エヴァと葬式の式次第の打ち合わせをする。同年1月7日チェンバレン死去。ヒトラー、ヘス参列。ナチ党にとっては重要な

宣伝活動であった。

母親コジマ（1930年4月）、ジークフリート（1930年7月）の死去に伴い、嫁ヴィニフレードが祝祭劇場を相続、同時にヒトラーとより親密な関係になってゆく。1933年3月ヒトラーは政権を奪取、首相になる。

そして1933年7月ワーグナー没後50年バイロイト音楽祭が開かれ、ヒトラーは公式訪問している。

第一次世界大戦後、ドイツ国内は政治、経済において不安定になる。祝祭劇場の運営にも影響しヒビが入り、資金調達が非常にタイトになる。そんな時にヒトラーが現れ、バイロイト祝祭劇場の救世主となったのである。

バイロイト祝祭劇場は、ヒトラーが政権を奪取してからナチ党の政治の場として、また芸術によって国民を束ねる手段として大いに利用、宣伝をしたことは周知の通りである。

ジークフリートの長男ヴィーラントは体力的というよりもバイロイト祝祭劇場の大切な後継者であり、ヒトラーに溺愛され、兵役免除されている。弟ヴォルフガングは応召、ポーランド戦線で負傷、除隊、帰国している。

（「ロマン派からヒトラーへ」ピーター・ヴィーレック著　西城信訳　紀伊国屋書店）（「ヒトラー

とバイロイト音楽祭、ヴィニフレート・ワーグナーの生涯」ブリギッテ・ハーマン著　鶴見真理訳
吉田真監訳　上）

これでワーグナー家一族がナチス・ヒトラーをいかに洗脳し執行者へと仕上げたかが判明したと思う。つまり、ヒトラーはヴァーンフリート荘訪問以前はワーグナーの音楽を愛していた普通のワグネリアンで、当初政治的な思想は自分の現実的な問題、貧困から抜け出す為の経済的システムを変えたい。普通の政治家を志していただけであった。そして彼は第一次世界大戦敗戦後民族、祖国について目覚める。敗戦の主原因はユダヤ人とそのマルクス主義的闘争組織であると「わが闘争」で回顧している。このように政治的ポリシーの重要性が民族、祖国へと代わり又経済問題も変化する。「わが闘争」の中で、ワーグナーが言っているような記述が見て取れる。……経済が国家の決定力を持つ君主となりあがるにつれて、黄金は神となり、すべてのものはこれに仕へ、誰も彼もその前に頭をさげねばならなくなった。天上の神々は舊式で時代遅れとされ、益々隅っこへ片付けられて……経済問題も国家的規模になり反ユダヤ思想が表出する。またその流れを確認するかの様にチェンバレンが「わが闘争」に登場する。〔戦前議會主義の無為〕この方面に於ける混濁

を見、獨逸政策の無計畫、無思慮を非難したもの、従って国内の弱點と浅薄さを非常によく見て取った者も少なくはなかった。だが彼らは政治生活では門外漢に過ぎなかった。政府の公けの地位にあるものは、今日と同様にフースト・ステューワルト・チェムバリンの如き人士の認識を全く無関心に看過してゐた。……ヒトラーは彼の著書「19世紀の基礎」を知った後、ワーグナーのあらゆる著書を渉猟、耽読し政治家として読み直し、良いとこ取りのアーリア人種の優越性、反ユダヤ思想を確立、イデオロギーとしたのである。

ちなみに「わが闘争」は1923年~24年にランツベルグ刑務所で書かれた著書である。ヒトラーは口述で、ヘスがタイプを打った。その時の文房具の品々特に紙、用紙はヴィニフレード・ワーグナーがバイロイトから度々差し入れたことは周知の通りである。

世界中の無邪気なオプティミスト（Optimist）ワグネリアンは「ヒトラーが勝手にワーグナーを利用しただけ」と言うが、ワーグナー・サイドの評伝、評論の著書類が、いかにナチスとワーグナー家一族との関係が曖昧になっているか。客観的に真実追求者から見たワーグナー家一族がナチスに対応した事実。ワーグナーの反ユダヤ人種論、ゲルマン人種の優越性等そのままヒトラーが良いとこ取りをし、受け継いでいる。また初期ナチ党を作り上げた人物は全員ワグネリアンである。結局世界中の無邪気なワグネリアンが言っているような生易しいもの「ヒトラーが勝手にワーグナーを利用しただけ」これでは通用しない。ワーグナーの作品中のメタファー（隠喩）及び彼の著書を的確にヒトラーは捉えている。「リエンチ」の護民官、救世主として。「ジークフリート」の恐れを知らない英雄、「リング」のニーベルング族のユダヤ性。「パルシファル」のアーリア人種の聖なる純血。「マイスタージンガー」のゲルマン人種の優越性等ヒトラーの演説には多く入っていて国民を束ねる政治手段として利用した。

ワーグナー家一族にとってバイロイト祝祭劇場はワーグナーの音楽は無論のこと思想（意思）を伝える場所である。ワーグナーの思想は、ワーグナー家一族にとって世間がなんと言おうが消去し、裏切ることはできない。現在のカタリーナ・ワーグナーもそうである。曾祖父ワーグナーの作品を彼らワーグナー家一族で守るのは。個人経営なので、当然のことである。

ワーグナーの「バイロイト思想」ヒューストン・S・チェンバレン語る

チェンバレンは「……根本的に考察する場合、この行為の母体たる思想は、世界を包摂する一つの思想であり、此の事実は絶対に我々の任意に変更し得るものではない。……此の思想は或る定まれる人間の業であり、彼が芸術をかく造り、生命と光とがあらゆる遠き世界より彼に向かって流れ注ぎ、彼の大いなる脳髄より新たなる生命と新たなる光とが再び遠き彼方の世界に向かって流れ帰ったのである。我々の任意に委ねられるもの、我々の能力によって限られるものは、此の思想、即ち此の全世界観に没入せんとする我々各自の意欲及び能力の深さ如何にかかるのみである。バイロイトは現在も未来もバイロイトである。」と言っている。（「リーヒャルト・ヴーグナー」H・S・チェーンバレン著　石川錬次訳　二見書房）

しかし、ワーグナー家一族の中でもナチスとの余りにも親密な付き合いが個人的にいろいろ複雑な思いを持った人はいる。

たとえばフリーデリント・ワーグナー（1918〜1991ワーグナーの孫娘）彼女はトスカニーニ夫妻の助けを得てアメリカへ。戦後帰国、兄ヴィーラントの助手をしていたが、ヴィーラントの死後、母ヴィニフレートと対立、英国へ去る。晩年はルツェルンに居を構えたがバイロイトには帰らなかった。

ゴッドフリート・ワーグナー（１９４７〜ワーグナーの曾孫）は、ナチス・ヒトラーとバイロイトの関係を弾劾。反旗を翻し、父親ヴォルフガングと袂を分かち勘当された。現在もイタリア・ミラノ近郊に住む。

戦後１９５１年バイロイト祝祭劇場が再開したときにヴィーラント・ワーグナーは大きな幕を掲げ、ビラを配らせた。「音楽祭の円滑運営のため、祝祭劇場の丘では政治に関わる歓談、議論を差し控えてくださいますようお願いいたします。ここでは芸術こそが重要なのです。」と。ナチスとの関わりの当事者がこんな事を言ってはおかしい。カタリーナが言うのなら……

ナチスをなぜ舞台にあげる……史実として仕方の無いことかもしれない。

しかしワーグナー家一族が舞台に上げる理由は罪滅ぼし的な演出でなく、むしろ現在ヨーロッパ各国の極右政党に迎合するような演出ではなかろうか？　ワーグナーの思想も先述私が指摘した通り、人生の終焉近くになって生活が平和になり、心も穏やかになり、反ユダヤ主義がどうでもよいような心境になってゆく。

その理由をわたしは箇条書きにした。ワーグナー研究家、音楽関係者、ワーグナーファン、当主カタリーナたちはこの箇条書きに眼を向け再考してほしい。

２０１７年から始まった「マイスタージンガー」は演出者と当主カタリーナは、通り一辺倒な極めて曖昧で皮相的な、そして奇抜な舞台を作り、中和させ問いかけをしている。まさに世界中の無邪気なワグネリアンと同調「ヒトラーが勝手にワーグナーを利用しただけ」と言うのなら、また舞台でそのように伝えたければ、舌足らずである。戦後ナチスを舞台に上げた演出はナチスの兵士が土足で神聖な舞台で暴れ廻っているだけの演出である。今回の演出もニュルンベルグ裁判所で戦勝国の国旗がばたっと倒れ、国民はどんちゃん騒ぎをしていた。

ワーグナーの思想は年と共に変化している。畢生の作品「パルシファル」を見よ。そこにはワーグナーの憧れ、ブッダの仏教を学び、慈悲の心が遅まきながら芽生えた。ワーグナーはこの作品により過去の罪が贖われたのである。

〈ワーグナーの芸術、音楽の素晴らしさを前面に、ワーグナーが描いたそのままで良いのだ！〉過去は消せない。ワーグナー音楽は誠にすばらしい。ニーチェが言ったようにディオニソス的で心身が危うくなるほど陶酔する。

２０１８年８月６日バイロイト祝祭劇場「ローエングリーン」を観て

今年の開幕直前にロベルト・アラーニャ（Roberto Alagna）のドタキャンがあり主役ローエングリーンの穴埋めを誰が？　いろいろと憶測が飛び交う。結局、指揮者Ｃ・ティーレマンの推薦もあり音楽的能力も長けているピオトル・ベチャワ（Piotr Beczala）にすんなり決まった。

ベチャワのイメージはやはりイタリア・オペラ歌手である。しかし聞き終わった後のイメージはなかなかやるねぇ……と変わったがドイツ・オペラ、特にワーグナー歌手として声は良く出ていたのだが声質が違う。来年から声に磨きがかかれば、と期待している。

エルザ……アニャ・ハルテロス（Anja Harteros）

彼女の声質はワーグナー歌いの声質であるが中音から低音にかけての声が音量共に低下する。つまり得意の音程のみすばらしい。

結局何が本物であるか、歴々のエルザ歌いを参考に歌手、観客共にバイロイト祝祭劇場について勉強が必要である。

オルトルート……ワルトラウト・マイヤー（Waltraud Meier）

１９５６年1月生まれ62歳の大ベテランである。彼女はバイロイトがどのようなところか知り尽くした人物で、慧眼の持ち主でもある。しかし寄る年波には勝てない、オルトルートの役にも厳しい歌唱がある。第二幕二場と終幕々切れだ。７月25日初公演の日は流石と思わせた。（ＮＨＫ放映）私の観た８月６日は一声（ひとこえ）足らない厳しい舞台であった。演技は完璧である。

演出……ユーヴァル・シャロン（Yuval Sharon）

「ローエングリーン」はひとつのテーマとしてキリスト教対異教（キリスト教から見れば邪教）の戦いである。第二幕でオルトルートが復讐の成就をゲルマンの神々に祈願する。

"Entweihte Götter! Helft……Wodan! dich Starken rufe ich! Freia! Erhabne, höre mich!……"

我々後世の人間は「ローエングリーン伝説」に基づいた物語として舞台は進行しているように思うが、意外とワーグナーはそんなことは思っていないかも知れない。

8世紀終わり~9世紀のはじめごろに30年間続いた「ザクセン戦争」、ザクセン人とフランク王国（カール大帝）との戦いがあった。ザクセン人はゲルマンの神々を崇拝していたがカール大帝はキリスト教の布教による領土の拡張を狙って戦いをした。所謂宗教戦争である。

「ローエングリーン」ではローエングリーンとオルトルートは死なないが、勝負はむしろオルトルートの復讐が成就しローエングリーンは去ってゆく。ここにザクセン人ワーグナーの真骨頂が見られる。

それともう一つワーグナーの言によれば、ローエングリーンは無条件に自分を愛してくれる女性を求めた。人間的な愛の抱擁を受け入れる女性を……これ等二つのテーマが「ローエングリーン」の重要なポイントになる。果たしてこの演出家はどうであろうか？

ローエングリーンは「光」、テルラムント、オルトルートは「闇」との言説だけでどこかの発電所の所長に読み替えた。単純すぎる。

第一幕のローエングリーンとテルラムントの戦いも日本人ならスグに歌舞伎の一場面を思い起こすだろう。市川猿之助、得意の宙つりだ。

第三幕ではローエングリーンはエルザにサディズム的に服従を迫る。これが果たしてワーグナーが言うように、無条件に自分を愛してくれる行動なのか？

第三幕の幕切れオルトルートもびっくり。ゴッドフリートの緑一色の服、顔。平和のシンボル「オリーブの葉」？　をもって、兵士にアッピール。兵士もブラバントの人々もびっくり仰天、その場に倒れてしまう。

プログラムのプロフィールを読むと彼の本拠地はロスアンジェルスである。

昨年ベルリン・スターツオパーで「魔笛」をした。ヨーロッパでの評価は判らないが、わたし（筆者）の「ローエングリーン」の評価は良くない。細かいことまで視覚に訴えているが、肝心の読み替えのコンセプトがはっきりしない。

ついでに、ローエングリーンは白鳥に乗って登場するわけだが、プラスチック製の白鳥のかっこをした玩具である。ＮＨＫ放映ではアップされ、強調されたので観る人は理解できたが、劇場ではなかなかそこまで観る人はいない。発電所の屋上に置いてあっただけで全様がはっきりしなかった。舞台の動きに熱中している観客はそこまで見ていないと思った。わたしはヘリコプターかジェット機かと劇場で思った。

指揮……クリスチャン・ティーレマン（Christian Thielemann）
バイロイト祝祭劇場でのティーレマンは少し変わった指揮者だと思う。この祝祭劇場の伝統的な指揮者とは違った自分流が散見される。２０００年「マイスタージンガー」でデビュー、その時の演出はヴォルフガング・ワーグナーであった。そのとき彼に祝祭劇場での音楽創りをこまめに指導されていた風景がわたしの脳裏にある。
２０１８年は「ローエングリーン」と「トリスタン」二演目を指揮したが、どちらかと言うと「トリスタン」の方が自己流を受け入れられる。

２０１８年バイロイト祝祭劇場の観客について

非常に若返っているのは良いのだが。しかし彼らはワーグナーの楽劇をどれ程理解しているのか？　つまりこの祝祭劇場は「友の会」の会員（わたしが入会している「Gesellschaft Der Freunde Von Bayreuth」）と世界各国の「ワーグナー協会」の会員で観客が保たれてきた。国から補助金が出ているのになぜ一般の人々が入場できないのか？ドイツ国内で大問題になり、その後一般の人々でもネットでチケットを買うことが出来るようになった。

その為、観客は世界中のワグネリアンだけでなくドイツ・オペラ、イタリア・オペラ、スラブ・オペラファン、その他のオペラファンたちも大勢占めるようになり、歌手の巧拙関係なく、なんでも、かんでもブラボー！　ブラボー！　を連呼するようになってきている。カーテンコールに出てきた歌手たちの方があきれた顔でびっくりしているのである。

それと観客が非常に若返ってきている為、男性の服装がカジュアル的で、祝祭劇場（聖堂）の意味が判っていない観客がいる。やはり祝祭なのだからネクタイ位は最低必要ではないだろうか？

「ローエングリーン」と「千年帝国」……１９３６〜１９３８

１９３６年はバイロイトにとって４つの記念祭が重なる年だった。

60年前の８月13日にはバイロイト音楽祭がはじめて開催され、６月13日はワーグナーの資金提供者でパトロンだったルードリッヒ二世の没後50周年、７月31日はコージマの父フランツ・リストの没後50周年、そして7月2日はワーグナーの「ローエングリーン」の登場人物としてその姿をとどめる「捕鳥王」ハインリッヒ一世の没後1000年にあたっていた。

ヒトラーの「第三帝国」は、1806年まで存続した神聖ローマ帝国を「第一帝国」とし、1871年から1918年まで存在したホーエンツオレルン家を「第二帝国」とし、これらの伝統を継承するものとされていた。

ヒトラーは千年祭の芸術的クライマックスとして、バイロイトで27年間上演されたことのない「ローエングリーン」を、ヴィルヘルム・フルトヴェングラー（1886~1954）の指揮と贅沢な新演出で再演することを望んだ。

エミール・プレトリウスに舞台美術を任せたハインツ・ティーティン。新演出はかってなく豪奢なものだった。費用はヒトラー政権が負担した。マリア・ミュラーが歌うエルザの婚礼の行列には70名もの従者が付き添う事になった。ローエングリーンは、頭から足の先まで、輝く銀鉄の鎧を身につけていた。この鎧は重さを125ポンドから25ポンドに減らすため、無数の小さな銀加工を施したアルミニウム製で身体を包んで流れるような鎖帷子にできあがった。

ヴィニフレートは音楽祭の開幕直前にさらに新しいアシスタントを雇った。アルフレート・ロラーの息子ウルリヒである。

新演出の特筆事項として、ティーティンはフランツ・フェルカーに、これまでバイロイトでは歌われたことのない、ローエングリーンの名乗りの歌、〈グラールの物語〉の第二節を歌わせた。これはワイマールでの初演の際に、過大な要求に音をあげたテノール歌手カール・ベックスへの配慮から、ワーグナー自身が削除していたものである。フェルカーの強靭な声はこの要請によく応え、新演出の「ローエングリーン」は音楽的にも特別なものになった。ただしこの変更は事前に公表されていなかった。初演を聴いたヒトラーは彼の専門知識が本物であることを証明した。後にヴィニフレートが飽きることなく語り続けたように、フェルカーが予告無しに〈グラール語り〉の第二節を歌い始めると、ヒトラーはすぐに反応した。彼はまずびっくりし、驚きを禁じ得ない顔をした。まるで問いかけるようにヴィニフレートの手を握った後「あぁ、わかった」と言うかのように頷いた。公演が終わると、オリジナルを聴けたことに彼は深く感謝していた。

フルトヴェングラーが指揮したこの「ローエングリーン」は音楽的にも演出面でもバイロイト音楽祭が到達した頂点とも言うべきものであった。また全世界に向けてラジオ中継された。第三帝国は芸術を理解していると大々的に宣伝することにヒトラーは成功した。外国でラジオを聴いた多くの人々の中には、中継に対する相反する感情を日記に記したトーマス・マンもいた。〝本来はペテンに耳を貸さぬ為に聞いてはならないものだ。あそこで行なわれている全ては根本的に唾棄すべきものなのだから。〟厳しくヒトラーを非難している。(「ヒトラーとバイロイト音楽祭、ヴィニフレート・ワーグナーの生涯」ブリギッテ・ハーマン著　鶴見真理訳　吉田真監訳　上)

２０１8年8月13日バイロイト祝祭劇場「トリスタンとイゾルデ」を観て

カタリーナ・ワーグナー（Katharina Wagner）の演出読み替えの主な趣旨と感想。

1トリスタンとクーヴェナール、イゾルデとブランゲーネは友達である。主従関係ではなく同等の態度である。マルケ王とメロートは主従関係になっていた。

2第一幕終了間際、「ほれ薬を飲まない」船上でイゾルデは前史をいやみたらたら語るが、それでも顔を合わすと理性が無くなる二人。

3第二幕ではマルケ王以下、狩に行き、その間にトリスタンはイゾルデとセックスに耽る間男である。メロートの監視下でもセックスに耽る。

4マルケ王は普通の嫉妬深い男で、有名な「愛の法悦」もあったものではない。あまつさえ王は嫉妬からメロートに「トリスタンを殺せ！」と言って実行する。本来のストーリーでは、メロートはトリスタンと同じくマルケ王とは親戚関係である。しかしマルケ王はトリスタンを優遇し庇うため、メロートはトリスタンを嫉妬、敵対視する。そして王に対して忠誠心を誇示、この二人の不倫をあばく。メロートは自分の意思でトリスタンを成敗するのだ。

5この演出はつまり、市井の痴話話に替えている。終幕イゾルデが「愛の死」を歌った後、幕切れにマルケ王はイゾルデを強引に連れ去って幕。全くのイタリア・オペラの幕切れである。ある人はワーグナーとマティルデ（Mathilde）、夫オットー・ヴェーセンドンク（Wesendonck）の三角関係を連想した演出と言うかも知れないが、わたしはそうと思わない。作曲した動機、前史を考えれば考慮の余地がない。ワーグナー音楽の重厚さと舞台でのスピードのある動きが完全にミスマッチしていた。

演出　カタリーナ・ワーグナー（Katharina Wagner）
指揮　クリスチャン・ティーレマン（Christian Thielemann）

トリスタン　　ステファン・グールド（Stephen Gould）

イゾルデ　ペトラ・ラング（Petra Lang）
クーヴェナール　イヤン・パターソン（Iain Paterson）
ブランゲーネ　クリスタ・マイヤー（Christa Mayer）
マルケ王　ゲオルグ・ゼッペンフェルド（Georg zeppenfeld）
メロート　ライムント・ノルテ（Raimund Nolte）

ティーレマンの音楽創りは良かったと思う。

ペトラ・ラング……本格的なワーグナー歌いで、彼女は1962年生まれ。

彼女はやはりオルトルート歌いのイメージだがソプラノの域まで歌える貴重な歌手だ。

2015年から始まった「トリスタンとイゾルデ」は、ごたごたがあって、当初決まっていたイゾルデ役のAnja Kampe（アニャ・カンペ）がオープニング一カ月前に急遽降板したためベテラン、ペトラ・ラングにお鉢が回った。この、ごたごたは、バイロイトの友人ポールさん、也恵さんから直ぐにメールで送られてきて知った。そして2015年8月19日付け日本経済新聞電子版で詳しく知ることができた。

歌手のごたごたのみならずC・ティーレマンとキリル・ペトレンコの確執の再燃へと飛び火した。A・カンペは「トリスタンとイゾルデ」のイゾルデ役を蹴った。指揮はC・ティーレマンである。同年「ワルキューレ」のジークリンデ役は引き受けている。指揮はK・ペトレンコである。

このふたりの確執から応援団もはっきりしたようだ。ティーレマン＝カタリーナ対ペトレンコ＝エヴァである。結局ティーレマン＝カタリーナ組がペトレンコ＝エヴァ組を追い出した感じで次のシーズンは始まったが、将来的に見てバイロイト祝祭劇場がこの二人に委ねるようだと良質な歌手、指揮者が集めにくくなるのは間違えないだろう。ティーレマンの自己主張の強さ、カタリーナの演出者として、また当主としての資質等感情的で精神的な深いものが無いように思う。このご両人へ望むことは、まず「意思否定」の意味を知り、ブッダの教えをワーグナーが勉強したようにヴァーンフリート荘にある膨大な蔵書をしっかり読んで頂きたい。そういう時期が来ているようだ。

「トリスタンとイゾルデ」

自己表現において、正常なものと同様に病的なもの、道徳的なものと同様に非道徳的なもの、さらに魔術的なものまで、今まで抑圧されてきた数々の要素が解禁される。フランス大革命により、18世紀合理主義から永い間閉じ込められていた感情の爆発となって官能的なもの、反宗教的なもの、人間の心の深部にある性向を表現するようになる。これが「トリスタンとイゾルデ」である。

この作品は男女の性愛感情そのものが表現されている。神や人間正義を無視し、世間も苦悩もかえりみず、ただひたすらにお互い意思の向くまま誠実あるのみである。

ふたりの心理的経過の総体を音で描きだそうとしたことは周知の通りである。この楽劇の前奏曲は最も激しいふたりの性愛を表現しているのである。

ワーグナーの「トリスタンとイゾルデ」の台詞は、中世に書かれ、ヨーロッパ各国で翻訳された幾つかの大叙事詩（伝説）をもとに圧縮し、面白い部分を継ぎあわせて制作されたものである。意思を超越、死後までも続く永遠の愛。

この伝説で極めて重要な部分「媚薬」篇をフランス人「ジョゼフ・ベディエ」（1864〜1938中世学者、詩人）によって編纂されたものを紹介する。

「トリスタン・イズー物語」　ベディエ編佐藤輝夫訳岩波文庫

〈媚薬編〉

イズーをコルヌアイユの騎士たちの手にゆだねる日が近づくと、彼女の母妃は草や花や木の根を摘み取ってそれをぶどう酒の中にひたし、効きめの強い一種の飲料を調じあげた。秘法をつくし魔術を加えてこれを造り上げると、彼女はこれを素焼きの器に移して、ひそかにブランジュアンに言うのであった。

「乙女よ、お前は姫に従ってマルク王様の国に行かねばなりませぬ。真心をこめて姫を愛して貰わねばなりませぬよ！　さあ、この葡萄酒の器を受け取っておくれ、そして私の言葉を良く覚えていねばなりませぬ。お前は此の器を誰の目にもかからぬように、また誰の唇にもふれさせぬように大切にしてしまっておくのです。婚礼の夜となって、新婚の二人を残して人々が帰ってしまうと、お前はこの神草を調じたぶどう酒を盃に移し、マルク王と姫とが一緒に飲み干すようにお二人に差し上げるのです。いいかえ、この二人だけがこの飲料を味わうように気を付けるのですよ！　これを一緒に飲んだものは、身も心も一つになって、生きている間も、死んでの後も永久に愛し合って離れぬという、それほどこの飲み物の効きめは大したものなのだから……」仰せの通りにする旨をブランジュアンは妃に誓った。

……航海中のある日、風は凪いで帆はしんなりと帆柱に垂れかかった。トリスタンは、とある小島に船をつけさせたが、海路に疲れたコルヌアイユの騎士達や水夫は、砂浜に船をおりて行った。ただイズーだけがまだ幼い一人の侍女と一緒に船に残っていた。トリスタンは妃の方に近寄って、彼女の心を慰めようとした。太陽は焼き付けて、二人は渇きを覚えたので、なにか飲み物をと彼らは求めた。幼い侍女は探した挙句、ついにイズーの母がブランジュアンに預けてあった素焼きの器を見つけ出した。「葡萄酒が見つかりました」と侍女は叫んだ。いやいや、それはぶどう酒ではない、それは情熱だ、激しい喜悦だ、無限の苦痛だ、それは死だった！　侍女はそれを高杯にあけて妃にすすめた。彼女は息おもつかずにそれを飲み、高杯をトリスタンに差し出した。トリスタンはそれを飲み干した。

ちょうどこの時、ブランジュアンが帳の中に入ってきた。見ると、二人は錯乱したように酔い痴れたもののように、黙ったままお互いの顔を見つめている。二人の前にはほとんど残りむなしくなった素焼きの器と高杯とが置かれてあった。……再び船はタンタジェルをさして走っていた。トリスタンの心臓の血の中には鋭い荊のついた、馨りよい花の咲く、一本の根強い荊棘が根をはり広げて、その肉体も、心も、欲求も、すべてがイズーの美しい體のほうに、なにか強い絆で持って結び付けられているように思われるのであった。……

今、私が邪心を寄せている物は、それはマルクの領土ではない！……ああ、いま私は何を考えているのか、イズーはあなたの妃です、そして私はあなたの家臣です。……しかしイズーは彼を愛していた。……二日の間、ふたりは一切の食べ物も、飲み物もしりぞけて、ただ手さぐりに歩く盲者のように互いに求め合っていた。３日目であった。トリスタンが船橋の上にしつらえたイズーの帳に近寄ってゆくと、イズーはこれを丁寧に迎えてこう言うのだった。「お入り下さいませ、殿様！」「妃さま、なぜそのように私を殿とお呼びになりますか？　私こそあなたの家臣、あなたこそ我が妃、わが貴女として敬い、かしずき、愛さねばならぬ家臣では御座いませぬか」するとイズーは「いえいえ、あなたは私の殿、わたしの主人、それは良くご存じのはず、あなたの力はもう私を虜としてしまっています。わたしこそあなたのしもべです。……」

「イズー様、今日ではどうなったかと仰いますか。あなたを苦しめるものは？」「目に見えるもの、耳に聞くものが、すべて私を苦しめます！　あの大空も、海原も、體も、生命もみんなわたしを苦しめます！」彼女はトリスタンの肩に腕をかけた。涙はその目の光を曇らせ、唇は震えていた。トリスタンは繰り返した。

「恋人よ、あなたを苦しめるものは？」彼女は答えた。「あなたをいとおしと思うわたしの心です。」トリスタンは彼女の唇の上におのが唇を重ねた。

けれどもこうして二人が初めての恋の歓喜を味わったとき、ひそかにふたりを見張っていたブランジュアンは、叫び声をあげ両腕を広げ、涙に顔を濡らして二人の足元に身を投げた。「早まったことをしてくださいますな、できますことならお別れして下さいませ！いいえ、もう駄目でしょう。もう愛の力はお二人を引き寄せてしまっています。悲しみの無い悦びはもう永久に味わうことはできませぬ。イズー様、あなた方お二人を悩ますものは神草を調じたぶどう酒、女王様から託された恋の秘薬でございます。マルク王様があなたとお二人だけで、それをお飲みになるはずだったのです。けれど、悪魔が三人に魅入ったのでございましょう。とうとうお二人だけで高杯を飲み干してしまいました。トリスタン様、イズー様、不注意のそのお詫びに、私は生命と肉体をお二人に捧げましょう。呪われた至らぬ私の落ち度ゆえに、この杯の中であなた方は恋と死とを飲んでしまわれたのでございますもの！」恋人は抱き合った。美しい肉体のなかでは欲求と生命とが波打っていた。トリスタンは言った。「さらば、死よ、来たれ！」

こうして、陽が落ちると、マルクの領土を指して飛ぶように、前にもましていっそう速く走って行く船の上で、永久に結ばれた二人の恋人は、恋にすべてを棄てて互いに身を任せてしまった。おわり。

ワーグナーの「トリスタンとイゾルデ」を理解する為には、まず前史を知らなければ興味は半減する。なぜか？　ワーグナーはこの伝説「トリスタンとイズー物語」に基づいて台詞（台本）を自作したにも関わらず台本では説明が全く足りていない。

特に第一幕でイゾルデが語る前史は、全くのワーグナーの自作であり、伝説（叙事詩、伝説を編集したもの）とは大きな違いがある。（イゾルデのトリスタンに対する情念、怨みをこの船上で、くどくどと前史の端々を語っているところ）

①何故トリスタンはモロルトを成敗したか？　②何故トリスタンはイゾルデに助けられたか？　③何故トリスタンはイゾルデをマルケ王の妻と認め探しに行くのか？　④何故マルケ王にイゾルデが嫁ぐのか？　なぞなぞばかりである。

①アイルランドとコルヌアイユ（コーンウォール＝イギリス南西部）の国家間で先代よりの契約により年貢を納める事になっていた。モロルトはその使者としてマルケ王のもとに来る。

王書に寄れば領内から15歳の少年３００人、少女３００人を奴隷としてアイルランドへ連れ帰る。でなければ、この国の自由のために剣にかけてモロルトを倒す者がいれば、もとより喜んで申し出に応ずる。と言うことであった。

トリスタンはコーンウォールの自由のためにモロルトと沖合の小島で一戦交える。そしてイゾルデの許婚モロルトを倒すが、その刀の破片がモロルトの頭骨の中に刺さったままアイルランドへ持ち帰った。イゾルデはトリスタンの名を憎むようになる。

②しかし、この対戦でトリスタンも毒を塗ったモロルトの槍によって瀕死の重傷を負う。治療、施薬の効なく、自分から櫓もない、帆もない小舟に乗りマルケ王たちにより沖まで……海がそれを運んで行った。7日7晩彷徨した時、漁師に助けられた。この港こそモロルトが眠るアイルランドのウィーズフォールの港だった。イゾルデの秘薬による施術は平民まで轟亘っていた。そこで瀕死のトリスタンの傷もイゾルデの施術に委ねられる。これにより生気を取り戻していった。トリスタンは正気を取り戻す、そして早くここを離れなければ、と、思う。彼は逃げた、マルケ王のいるコーンウォールへ。

③④マルケ王の宮廷にはトリスタンを恨む4人の騎士がいた。メロートもその一人であった。（メロートはワーグナーが作った名前で、伝説に登場する名前は違う）彼もマルケ王の甥である。

マルケ王が嫁を娶らないのは、武勇華々しいトリスタンをいずれはこの国の王として相続さす積りであり、トリスタンを溺愛しているのでは？ と感ぐっていた。トリスタンを窮地に落とす為、他の騎士たちに虚言をまき散らし、そのうえ、王にいずれかの王女を迎えて妻とし、相続者を儲けるよう進言、さもなければ、王に反旗を翻すと強硬に言う。トリスタンは王に、自分は欲得のために叔父に仕え、愛しているのではないので騎士達の意志を受け入れてほしい。さもなければトリスタンはここから去るでしょう。と言った。王は窮地に立たされた。

マルケ王は期限を40日と定め、その日に自分の所信を表明すると騎士たちに約束した。

やがてその日が来た。王はひとり寂しそうに、悲しそうに考えていた。「うわべだけ繕うて、妻を娶るとわしが言うても、遠くて誰も行けないような国の王女を。さて、どこに求めたものであろうか？」

すると、ちょうどその時、開け放たれた窓から二羽のツバメがマルケ王の部屋に入り、慌てて逃げさったが、彼らの嘴から絹よりも細くて、陽の光のように輝く一筋の女の髪の毛が落ちた。マルケ王はそれを拾い騎士やトリスタンを招じて、こう言った。

〝お前たちの意志に応じて、わしは妻を娶るであろう。けれど、おんみたちは、わしの

選んだ女を探して呉れなければならんぞ。〃

――御意にござります。して、王様のお選びになりましたお方は？

――わしは、この黄金色の髪の毛の持ち主を選んだ。

――その黄金色の髪はどこから王様のもとに届きましたか？

――黄金色の髪の毛の美女から来たのじゃ。二羽のツバメがそれを持ってきた。どこから来たかは、そのツバメに聞くがよい。

騎士たちは、こうした悪賢い（狡い）答弁を教えたのは、トリスタンだと邪推した。しかし、トリスタンは、この黄金色の髪の毛を見ていると、黄金色の髪の毛のイゾルデを思い出した。彼は微笑みを浮かべて王に言った。

〃マルケ王様、あなたはとんでもないことを仰せです。あの騎士たちが疑惑の目つきで私を辱めている様に、お気付きにはなりませぬか？　いくらそうした逃げ口上を言われても無駄でございましょう。私はその黄金色の髪の美女を探しに参りましょう。

しかしその探索は、まことに危険な物であり、再びこの地に帰ってくることは、あのモロルトを殺し小島から帰って来た時よりも、もっと困難なものだとご承知ください。けれど、王のために、もう一度私の生命と体とを危険にさらしましょう。公明正大な愛を以って私があなたを愛していることを、あなたのご家臣に知って頂くために。きっと黄金色の髪の妃をばこのお城にお連れ致します。

トリスタンは一艘の立派な船で100人の若い騎士とともにコーンウォールの港を出帆した。水先案内人はトリスタンに尋ねる。

——どちらへ

——友よ、アイルランドのウィーズフォールの港を指して、まっすぐにやるがよい。

水先案内人は慄えあがった。しかし彼に従った。やがて船は目的地に到着した。トリスタンたちは商人として上陸したが、モロルトを殺したトリスタンは発覚を恐れ、イゾルデをどのような方法で探し求めるか思案に暮れる。

ある朝、夜明けごろ、トリスタンは悪魔の叫びかと思われる不気味な声を聞く。今までに聞いたことのない獣の唸り声である。通りすがりの女性に事情を聞く。女性は〝朝になると自分の洞窟から出てきて、乙女の人身御供を求め、断れば城門からの出入が出来ず、過去に20人ほどの騎士が怪獣に立ち向かいましたが全部飲み込まれました。そしてこの怪

獣を退治した者は黄金色の髪のイゾルデをご褒美に……という布令が出ています。〃

よし、ということでトリスタンは武装し、軍馬にまたがり剣と槍を持ち怪獣めがけて躍りかかる。しかし怪獣はびくともしない。最後に剣を口の中へ。怪獣は悲鳴を上げて斃れた。トリスタンは怪獣の舌を切り証拠品とするがトリスタンも無傷ではない、怪獣の舌からでる毒汁で全身マヒし生気を失い倒れる。

アイルランド領内には怪獣を倒し、イゾルデを得ようとする者が多くいた。ある男が誇らしげに、トリスタンが倒した怪獣の頭を取り、アイルランド王に差し出した。しかしイゾルデはこの者を疑った。この臆病者が怪獣を倒せるはずがない、と思いブランゲーネを連れて怪獣の死骸のあるところを探しに行く。

死骸の近くに異国の人が倒れている。所持品を調べているうちに怪獣の舌がでてきた。イゾルデはこの異国の人が怪獣を倒した人であることを確信する。

そして彼を自宅へ。まずは傷の手当てを。又してもイゾルデと母親の秘薬によって施術され、体は元の元気を取り戻すトリスタン。イゾルデはこの異国の人はどこから来たのであろうか？　なぜ怪獣と決闘したのだろうか？

彼の所持品は何もかもが優雅な物ばかりである。ふっと刀を見る。そして刀のこぼれを見る。ひょっとして……モロルトの頭に残っていた刃を取りにゆく。ぴったり合う。さてはトリスタンめ！。イゾルデによって見破られる。

トリスタンはイゾルデに二度に亘って命を助けて頂いた。〝さぁわたしの生命に対してあなたは権利をお持ちです。わたしを殺して栄誉と称賛が得られるとお思いなら。また、この国が難儀していた怪獣を退治し、あなたを得たトリスタンです。……〟

〝しかし、なぜ私を得ようとするのか？〟イゾルデは訝る。

そこでトリスタン。二羽のツバメが黄金色の髪の毛を運んできたことを話して、その髪の毛をイゾルデに見せる。イゾルデはそれを見た後、しばらく黙っていた。やがて、彼女はトリスタンの肩の上にくちづけした。これは仲直りのしるしである。彼女はトリスタンに立派な衣服をまとわせた。

アイルランド王もようやくイゾルデをトリスタンに委ねる。がトリスタンはマルケ王の嫁として自国へ。これがイゾルデとトリスタンの齟齬が生じた原因である。

ワーグナーは第一幕、船上でちくちくトリスタンを詰る（責める）のだが、媚薬によっ

てそれが回復される。（前述項）

第二幕、密会も終わり近く、トリスタンは「わたしを死なせてください」とイゾルデに。そして密会の現場をマルケ王に目撃される。マルケ王は裏切られた感情を吐露する。メロート、トリスタン剣を交えるがトリスタンは重傷を負う。第三幕、場所はトリスタンの故郷カレオール。トリスタンは瀕死の状態で夢幻的な死を、また現実的な生の状態を繰り返す。第二幕、第三幕はワーグナーの脚本は〈苦悩から死〉が強調される。陶酔、歓喜、苦悩、死がテーマの「トリスタンとイゾルデ」ワーグナー流「生への意思否定」悲劇的諦念が出来上がる。

アクチュアリティ＝現代的に問題を考えるなら両人の愛は自由奔放で、人間むき出しの自己中心的な愛であり、キリスト教（エロスでもアカベーでもない）的でなく、ショーペンハウアー的な意志否定でもない。意志の向くままである。

あらゆる人間は時代によって多少の違いはあっても世の中の社会倫理、ルールという箍をはめられている。この二人にはそれがなく、死後までも続く永遠の愛であるが、決してニルヴァーナへ行ったのではない。ダンテ作「神曲」地獄篇でトリスタンは愛欲に耽った罪で罰を受けている。

さて、ワーグナーはこの「トリスタンとイゾルデ」を作曲した理由は1857年6月プライトコップフ・ウント・ヘルテル社との「リング」の交渉が決裂し、「ジークフリート」第二幕で中断を余儀なくされた。当座の金も枯渇し途方に暮れていた時である。……「トリスタン」なるもので鬱を散づるつもりです。また全く実用的な作品になり、まもなく立派な収入をもたらすはずであった、とワーグナーは言っている。

1857年1月ヴェーゼンドンク夫妻から「隠れ家」を提供され、57年10月「トリスタンとイゾルデ」作曲開始。58年8月妻ミンナの嫉妬により、マティルデと別れ、ひとりヴェネチィアへ去る。

59年3月ルツェルン、トリープシエンで「トリスタンとイゾルデ」の作曲を完了している。

我々後世の人間とすればミンナのお蔭である。ワーグナーは隠れ家を去り、後にコジマというワーグナーにとって誠に従順な伴侶を得て「リング」を完結し、「パルシファル」を生んだわけで、もしマティルデと心中でもされていたら悲しいことである。マティルデとの恋愛によって「トリスタン」が生まれた……説には作曲の動機からして、わたしは同意できないが、「トリスタン」の一つのテーマは「死と生」である。仏教的に解釈すれば、生があって、死がある。二つとも「苦」と考える。だから次の生はなしに……と願う。輪廻の輪の繰り返しを絶つことによって天国で二人が成就する。このようなことをマティルデと堂々と会話していたと思う。

果たしてマティルデはワーグナーと対等な芸術的、哲学的な才能がコジマのようにあったかどうか？　という疑問に対して、わたしの答えはコジマ以上にあったと思う。決して教養人以外へは話しかけできない会話が多くある。

「タンホイザー」（TANNHAUSER）

このオペラの解説書の多くは、プラトニック・ラブ（アガベ）対エロス（性欲による愛）と書いてあるが、それは当てはまらない。

ワーグナーが描きたかったことは、もっと人間の深いところにある。即ち、人間には深層心理として、ヴェーヌス（エロス）のような心がある。しかし現実の世界、われわれが生活してゆくためには、あらゆるルール、つまり箍《たが》をはめられていて自由にならず理性（自制）が働く、それがエリザベートなのである。まさしく一人の人間の心のうちには聖女（アガベ）と悪女（エロス）が同棲しているのだ。事実「タンホイザー」ではヴェーヌスのライバルとしてエリザベートを創出した。

ここに、ワーグナーの思想が凝縮された演出Romeo Caltelluccの「タンホイザー」がある、演奏はバイエルン国立歌劇場管弦楽団、指揮Kirill Petrenko、出演者は後述の通りの公演である。それに沿うて人間の深層心理、ワーグナー流キリスト教の捉え方をみてゆく。

第一幕

此のオペラ（パリ版）の演出はまさに上記のような演出である。ヴェーヌスの肉体は強調してありグロテスクである。序曲で、ある女性（マリア＝エリザベート）の目、耳に矢を射ているのは、いわゆる聖女を殺してエロスへの変換を促すところである。そしてエリザベートはタンホイザーの気持ちが良くわかる。ヴェーヌスベルグへ、エリザベートがタンホイザーを誘導一緒に降りて行くのはその証拠である。

第二幕

わたしは正直、第二幕も第一幕同様エロスが勝利すると思っていたら、第二幕最後にはエリザベートも聖女になり、「タンホイザー」自体、ワーグナーが描いたプロトタイプに戻りホッとした。観衆も大喜びである。またオッパイの形がいろいろあってとても楽しかった。

エリザベートはエロス崇拝（タンホイザーに対して理解すること）を捨て（エリザベートの衣装で解る。一人の女性にエロス的女性と聖女的女性とが半々同棲している）タンホイザーの主義主張を退けキリスト教に沿った考えに戻る。そして領主はエロスに耽ったタンホイザーに贖罪を科す。ローマへの「強制巡礼」である。タンホイザーは希望と不安が交錯しながらローマへと旅立つ。

細かな演出について云々するのでなく、ワーグナー作品の演出については、やはり、プロトタイプ（原型）をきっちり理解したうえで、考察すべきである。

第三幕

聖母マリアの上にタンホイザーの足　これは「強制巡礼」を表す。〝贖罪をして無事帰って来て〟とエリザベートが祈る。

さて、金塊、第一幕では大きな金塊を、多くのローマへの巡礼者が共同で担ぎ、持っていたが、帰路では各人めいめいが小さくなった金塊（路銀のみ）を持っていた。イエス・キリストのことば「金持ちが天の国に入るのは難しい。金持ちが神の国に入るよりも、ラクダが針の穴を通る方がまだ易しい。」一般的には教会へ贖罪として持参する。この世で億万長者でも、あの世に金は持ってゆけない。そこで死後、天国へ行けるように教会に寄進する。寄進することにより個々人が終油を受ける時、地獄に堕ちないで、天国が約束される。キリスト教の一般的な考え方である。

有名な「ローマ語り」、歌手がもうひとつ迫力がない。ローマ法王から罪の許しが出なかったわりには、さっぱりした感じである。

「ローマ語り」の最中、舞台バックで、死体をテーブルの上で、とっかえひっかえしていたが、キリスト教では人間死んで天国へ行けるか、地獄へ堕ちるか、ちょうどその中間に煉獄がある。そこで仕分け（現世での教会への寄進、教会への忠誠度合いによって）をして決めている。しかしこの演出では人間死んだら皆、土に還ってお終い。教会も天国も煉獄も地獄も無いと言っているように思う。あの世でタンホイザーとエリザベートは一緒になりましょう、という祈念はあっても。つまりわたしの経験（臨死体験）から言うとあの世は、この世の再現ではなく、ひとりひとりの世界であった。

結論として、演出はだいたいワーグナーの台詞、ト書きに沿うた解釈をしていると思う。指揮者は良かったと思う。ペトレンコはわたしが観たバイロイト２０１３年「リング」

では、ややおとなしい感じがしたが今回は元気があった。
歌手たちも奮闘していたが、ローマ語りはもっと激しく歌わなければいけない。あっさりしすぎである。ヴォルフラムの「夕星の歌」は成就できない諦念の歌である。未練がましく感情過多であった。

演出　Romeo Caltellucci
タンホイザー　Klaus Florian Vogt
エリザベート　Anja Harteros
ヴェーヌス　Elena Pankratova
ヴォルフラム　Christian Gerhaher

「タンホイザー」に於けるワーグナーの反教会主義

第三幕での有名な「ローマ語り」のなかで、〝枯れたローマ法王の杖に新芽が吹き、花が咲くまでタンホイザーの罪はゆるされない。〟と贖罪を科される。ところがその枯れた杖に花が咲き、奇跡が起きタンホイザーは罪を許される。このことはローマ法王に助けられたのではなく、エリザベートの自己犠牲により、イエス・キリスト或いは聖母マリアかも、により救済されたのである。カトリックでもなく、プロテスタントでもなく。キリスト教神秘主義ここが重要なのだ。ワーグナーの反教会、反聖職者主義の証である。

ワーグナーの足跡をたずねて……

2013年8月20日アイゼナハ・ワルトブルグ城へ

19日バイロイトの「リング」が終わり、翌日也恵さん、ポールさんご夫妻にアイゼナハ(Eisenach)のワルトブルグ城(Wartburg)へ連れてもらった。

ぼくはバイロイトに十数回来ているのに、EisenachのWartburg城へ行ったことがなかった。

いろいろ話をしているうちに、「タンホイザー」の話しに成り、一度行きたい、と言ったら、早速、明日車で行きましょうと、快諾して下さった。

車でバイロイトからアイゼナハまで3時間弱の旅である。

チューリンゲンの森に囲まれ、峻険な山の頂きにある最もドイツらしい城、ワルトブルグ城、TVでもお馴染みの城である。一通り城の各部屋を見て廻った。主なものは歌合戦の大広間、ルターが新約聖書をドイツ語に翻訳した部屋等である。

次にPaulさんの案内で旧市内にあるチューリンゲン博物館でたまたま催しされているワーグナー写真展を見に行った。１９３９年を中心にナチ時代にバイロイトで活躍した名歌手の舞台写真の展示である。ナチ党の写真家Werner Weirichsが生前撮ったものをこの博物館に遺贈された作品である。

ナチを現わす露骨なものは無かったが、展示場の一番目立つ所にはヒトラーがバイロイトで最も愛したイゾルデ歌手ジェルメーヌ・リュバン（Germaine Lubin 仏１８９０〜１９７９）の写真（50号ぐらい）が掲げてあったのが極めて印象的であった。

彼女は１９３８年Kundryでデビュー。ヒトラーは美しい彼女の気を惹こうとフリーデリントを差し向け、自分のテーブルに呼んだ。そして、ヒトラーは「宮廷歌手であるあなたは男性を虜にする方だ。」と言って、翌日赤いバラと「G・リュバン夫人に、心からの尊敬と賞賛をこめて」と献辞をつけ、自分の写真を銀製の額に入れて贈った。彼女はヒトラーのことを非常にシャイだと、感じたようだ。

１９３９年彼女はIsoldeを歌った。指揮はミラノ・スカラ座主席指揮者ヴィクトル・デ・サバタ（Victor de sabata）であった。デ・サバタをバイロイト音楽祭に招聘するよう提言したのは、ヒトラーではないか。と言われている。ヒトラーは１９３７年にベルリンでデ・サバタの「アイーダ」を観ており、バイロイト音楽祭出演はドイツとイタリアの友好の関係を誇示するための格好の宣伝になると考えたのではないだろうか。

ヒトラーは１９３９年7月24日の夕刻、バイロイトに到着した。そして翌日音楽祭が始まった。ヒトラーは党の制服を着て現れた。この年の開幕は「さまよえるオランダ人」である。祝祭劇場のバルコニーから観衆に開幕を知らせるファンファーレが鳴り響く。親衛隊アドルフ・ヒトラー連隊の軍楽隊15名によって演奏された。ヒトラーはこの年8月３日までバイロイトに滞在し、9月1日ポーランドへ侵攻、第二次世界大戦が勃発する。そんな戦争ムード一色の音楽祭、フリーダ・ライダーに代わって、G・リュバンがイゾルデを歌った。

ヒトラーは、この日も休憩時間に彼女に「何か望みはないか？　叶えてあげよう」と申し出るほど熱狂した。しかしリュバンはこの申し出を拒否した。「いいえ、何もございません。個人的な望みなど何も」と。そして彼女は休憩室の満座の中で叫んだ。「ただ、私たち皆に平和をお与え下さい！」と。

音楽祭の観客席は、やむことの無い戦争の噂のため終了前にまばらになった。リュバンは最後の舞台の前、すでに母国フランス・パリへ帰った。（「ヒトラーとバイロイト音楽祭、ヴィニフレート・ワーグナーの生涯」ブリギッテ・ハーマン著　鶴見真理訳　吉田真監訳　下）

わたしは、このリュバンのレコード（オデオンORX159M）1枚だけ幸い持っていたので、久しぶりに聞いて見た。ワーグナー歌手ではない。と改めて思った。客観的に何か彼女の声質についての書物が無いか調べていたら、あった！　フリーデリント・ワーグナーが書いている。（「炎の遺産」F・ワーグナー、P・クーパー著　北村充史訳　論創社）

ハインツ・ティーティエンは、パリ・オペラ座のプリマドンナ、ジェルメーヌ・リュバンを雇った。母（ヴィニフレート）がリュバンの声のことを聞くと、彼は答えた。「バイロイトの水準には達していないが、とても美人でね」確かに綺麗だった。背が高く、優雅で金髪、ローマの聖母マリアのようだった。と。

次にポールさんと我々はアイゼナハ・ワーグナー博物館に向かった。

ここはワーグナー家所有の物でなく個人収集家の館である。いろいろオリジナル物があり、ここにもA・ベェンヴェヌッチイが製作したデスマスクがあった。トリープシェン、ドレスデン近郊グラウバにもある。一体何個製作されたのだろうか？

この館はフリッツ・ロイター（1810〜1874詩人）が晩年、居を構えたところである。

変貌するバイロイトの街

その帰り車内で、なんとなくわたしが以前常宿にしていたバイロイト駅前の大通りをちょっと下がった、ビジネスホテル「アキゼント」（現在は大学生のドムになっている）の話になり、〝今、アキゼントの経営者たちはどうしているかなぁ？〟と也恵さんに聞いたら、〝アキゼント時代の経営者たち3人はバイロイトから車で小一時間のところ（バイロイトから高速道路に入りバンベルグとの間）で城を買い取って改造、そこでホテルをしている。〟と也恵さん。〝この帰りの高速道路からはそんなに遠くないので夕食をそのホテルでしましょうか〟すぐにOKをだした。ホテルの名前は「Schloss Burgellern」。はたして、行ってみれば素晴らしいホテルです。昔懐かしい顔ぶればかり三人が迎えてくれました。

Siegfried 役の Lance Ryan に偶然レストランで会った。

ヤァヤァの話の中で社長から、今ここにジークフリートが来るよ！　へぇびっくり。ランス・ライアンでした。僕達が食事をしていて、程なく彼が現れた。ほかの客でランス・ライアンと気づいた客人達はいなかった。

僕達４人は拍手で迎え、〝日本から来ました。ツーショットとサインをお願いします〟と言ったら快くＯＫして呉れた。

かれは友人かマネージャーか二人で食事に来た。バイロイトの街中では食事もゆっくり出来ないので、この郊外まで来たのでは……

このような僥倖……不思議ですねぇ。このような話をしなかったらこのホテルにはきていなかったのに。このホテルも祝祭劇場への送迎をしているとのことである。来られるときはチェックを、ぜひ御利用して下さい。

ドイツでのもう一つの楽しみビール

わたしはドイツ・ビールのなかで一番好きなビールは Weißbier（ヴァイスビアー）白

ビールである。

なかでも、ワーグナーがこよなく愛したビールWeihenstephan（ヴァイエンシュテファン）、ブルックナーが自作の交響曲2番と3番を携えバーンフリート荘に来た時の話で、おもしろい話がC・V・ヴェステルンハーゲン著「ワーグナー」三光長治、高辻知義訳のP600に載っている。

1、Weihenstephan（ヴァイエンシュテファン）ミュンヘン郊外Freisingに直営レストランがある。1040年創業、世界最古の醸造所である。

2、Kaiserdom（カイザードム）Bamberg

3、Maisel（マイゼル）Bayreuthこれ等三社のビールは日本でも買える。

1は、西武池袋、京都浅尾酒店、2は、やまや、3は大阪（有）ヘレンベルガーホフ等である。

ワーグナーとヴェルディと「ローエングリーン」

このテーマに入る前にヴェルディの性格を記すことにする。何故かは、この項を読んで行くにつれ何故冒頭に書いたかを理解して頂けると思うからである。

狷介（けんかい）＝頑固、かたいじ。不羈（ふき）＝絆がない、繋がりがない。気短、せっかち、細かい。本心を容易に明かさず。無口。である。（「評伝ヴェルディII部」ジェゼッペ・タロッツィ著　小畑恒夫訳　草思社）

ヴェルディは論文を書かなかったので、後世の研究者はヴェルディが書いた手紙で何事も判断している。

しかしこれには諸般の事情がある。ヴェルディが生きた時代イタリアはオーストリア・

ハプスブルグ家に或いはフランスに占領されていた。論文は自分の思想、意志を伝える。色々な場面で検閲が非常に厳しく一々検閲を受け、悪ければお縄頂戴になり兼ねない。馬鹿馬鹿しい。

私生活を隠し、社交活動はしない。人に頼むこと、好感を得ようとすること、頭を下げることが出来なかった。ワーグナーとは全く正反対の部分が多い。

1864年5月「ローエングリーン」の作曲家リヒャルト・ワーグナーはバイエルン国王ルードリッヒ二世の庇護を受ける。このニュースがイタリアにも伝播する。イタリアにワーグナー旋風が吹き荒れ、ワーグナーへの研究が音楽家のなかで盛んになる。ヴェルディはこのような事情を察知、胸中、穏やかでないものが徐々に膨らんでいった。

そして1867年1月父親の死、7月には大恩人アントニオ・バレッツィ（Antonio・Barezzi 1787~1867ブッセートの商人、ヴェルディはその娘マルゲリータと1836年結婚）の死に直面する。益々無愛想、頑固、偏屈、猜疑心が強くなり、無口になる。

「ローエングリーン」イタリア初公演

１８７１年イタリア国内において、ワグネリズムが最高潮に達していた。そしてその年の11月1日ボローニャのテアトロ・コムナーレで「ローエングリーン」（イタリア語版）がイタリア国内で初めて公演されたのである。（シーズン前半が終わる11月末日まで週に３、４回の頻度で催された。）

翻訳　サルヴァトーレ・マルケシ　演出　エルンスト・フランク（ウイーンのコレペティトゥア）指揮　アンジェロ・マリアーニ

＊ローエングリーン　イタロ・カンパニーニ、＊エルザ　ビアンカ・ブルーメ、＊テルラムント　ピエトロ・シレンツィ、＊オルトルート　マリア・レーヴェ・デステイン、＊ハインリヒ王　ジュゼッペ・ガルヴァーニ達であった。（「コジマの日記Ⅲ」１８７1年11月2日より）

主導的ワグネリアンの中にはアリゴ・ボイト、アンジェロ・マリアーニ、当時のボローニャ市長カミロ・カザリーニ、そしてジョヴァンニーナ・ルッカ達がいて、彼らの協力によって初演が行われたのである。ワーグナーは１８６８年イタリアでの版権をルッカ社に売却している。この公演に際してワーグナーとの交渉はルッカ社があたった。

ジョヴァンニーナ・ルッカ（Giovannina Lucca １８１４～９４）

フランチェスコ・ルッカの妻で婚前の名はジョヴァンニーナ・ストラーツァー。ミラノの調理済食品販売店の娘。20歳で結婚、夫はリコルディ社とはコンペチターで不仲であった。１８７２年死去するが、その数年前から彼女は経営を任されていた。彼女の性格は粗野で悪名高い。ヴェルディは初期の作品「アッティラ」「海賊」「群盗」をルッカ社のために書いたがこれ以後、ルッカ社とは絶交している。（「イタリア・オペラの黄金時代」ウィリアム・ウィーヴァー著　大平光雄訳　音楽の友社）

そして１８８７年にルッカ社はジューリオ・リコルディに買収され、ルッカ社の版権はすべてジューリオ・リコルディ出版社のものとなった。（「プッチーニ」モスコ・カーナ著，加納泰訳　音楽の友社Ｐ63）

１８７１年10月23日「コジマの日記Ⅱ」によると、ワーグナーは〝リハーサルには行けると思うが、ご招待頂いた第二回目の公演でカーテンコールを受けるのは到底無理だ〟と告げたとある。結局ワーグナーは来なかった。

その理由をワーグナーサイドの１８７１年の年譜等を参考に拾ってみると

2月「ジークフリート」総譜完成。

4月バイロイトに立ち寄り、同地に理想の祝祭劇場を建てる決意をする。

5月ドイツ宰相ビスマルクに謁見。

6月カール・タウジヒ、チフスで急逝。

10月「神々の黄昏」第二幕作曲スケッチ完成。

11月バイロイト市代表委員会議長を務める銀行家F・フォイステル宛に祝祭劇場建設の意見書を出す。11月1日「神々の黄昏」二幕オーケストラ・スケッチに取り組む。

12月バイロイトへ。劇場建設用地検分。とあり、事務的なことにまでタウジヒ死去に伴い自分でしなければならなかったことが良くわかる。

しかしワーグナーは行けなかった理由を次のように言っている。

〝すべてをイタリア人の芸術的感性に委ねようと考えたからである。〟と、
1871年11月2日「コジマの日記Ⅲ」には、〝ボローニャからの電報によると「ローエングリーン」は、かの地の人々に底知れぬ感銘を与えたようだ。〟また、
11月5日〝ボローニャからは「ローエングリーン」の成功を伝える数え切れぬ程の手紙〟とある。

ヴェルディ、ボローニャへ

ヴェルディは11月19日にピアノ・スコアを持参、極秘でこの公演を見に会場へ来るが、すぐにばれてしまう。歌手、合唱団はヴェルディを目の当たりにし、あがってしまいこの日はベストの公演とは言えなかった。

さて、当日のヴェルディ評（反応）が気になるところである。二、三の評伝から抜粋する。

①「評伝ヴェルディⅡ部」ジュゼッペ・タロッツィ著　小畑恒夫訳　草思社から。

「ローエングリーン」には衝撃を受けるが、同時にオペラの進行が恐ろしくゆっくりで、静かでまわりくどい。

美しいがヴァイオリンの高音が続くので息苦しくなる。

このフィナーレは美しく、神秘的。……遅すぎる……フォルテ過ぎる

全体の印象は平凡。音楽は美しい。明快なところには思想がある。劇は台詞と同じ速さでゆっくり進行する。したがって退屈である。

②「イタリア・オペラの黄金時代」ウイリアム・ウイーヴァー著　大平光雄訳から。

ピアノ・スコアに書き込まれた詳細なメモを要約すると、平凡な印象、音楽は美しく、明快で思索に富むところもある。筋の運びは台詞と同じようにゆっくりと流れる。それゆえ退屈である。楽器の効果は美しい。持続音の濫用のため息苦しくなる。平凡なでき、生気は多いが、詩も優雅さがない。複雑で難しいところになると大体よくない。

ヴェルディは当然ワーグナーをコンペティターと見なしていた。

「ローエングリーン」を現実に舞台で観、スコアーを読んで、色々批評しているが、興味本位、物見遊山的に足が会場へと向かわせたのでは無いだろうか。

ヴェルディの生活本拠地サンタ・アガータ（Sant' Agataエミリア・ロマーニャ州、生家ロンコーレ村の近くに農地33万坪を有し、自ら農業事業にも乗り出す）の書斎のキャビネットにいろいろな作曲家の総譜かピアノ・スコアか判別できなかったが、無造作に置いてあった。それらの中にワーグナーの作品「ローエングリーン」「トリスタンとイゾルデ」「ニュルンベルグの名歌手」「ワルキューレ」そして「パルシファル」があった。これらの収集はこの公演を観てからと考えられる。

そして、ヴェルディはワーグナーについて、ワーグナー作品の総譜の研究、理論書を読むが、自分の思想を人に押し付ける独断論、神話に基づく世界観等は嫌ったが、想像力は賞賛している。

さて、ワーグナーはヴェルディ・オペラをどのように思っていただろうか？ヴェルディの初期オペラはヴェルディが言っているようにロッシーニ、ベルリーニ、ドニゼッティのエピゴーネン（模倣者）と自認していた。ワーグナーもその通りに思っていただろう。しかしちょっと違う。

ヴェルディはイタリア・オペラの偉大なる伝統を堅持するための路線を継承、引き受けたのだ。特にロッシーニを尊敬していた。

そして「リゴレット」１８５１年から独自路線へと転換。その後、イタリア・オペラの不朽の名作「ドン・カルロ」「アイーダ」「オテッロ」「ファルスタッフ」が生まれた。ワーグナーは１８７５年11月にウイーン・宮廷歌劇場にてヴェルディが指揮をした「レクイエム」を聴いている。ワーグナーのコメントは無い。つまりワーグナーはヴェルディの曲を聴きに行ったのではなく、１８７６年8月バイロイト祝祭劇場にての「リング」初演の歌手たちをスカウトするためのものであった？　のではないだろうか。

このようにして両者が各々の作品を観覧したが二人の目的が違ったようである。

パリ・オペラ座について

ヴェルディとパリ・オペラ座との関りは、ワーグナーよりずっと古い。ヴェルディ作品でパリ・オペラ座からのオファーの新作初演は次の通りである。

１８４７年11月「イエルサレム」初演。

１８５５年６月「シチリアの晩鐘」初演。

１８６７年３月「ドン・カルロ」初演である。バレエ挿入はヴェルディとワーグナーは同じ考えであった。しかしヴェルディは、喧嘩はしなかった。「シチリアの晩鐘」では冬、春、夏、秋「四季」というバレエの場面を延々31分間踊らせ、観客をびっくりさせた。

ヴェルディの性格を冒頭に書いた理由をこれ等でお解かり頂けたと思う。ワーグナーとは好対照なのである。

ヴェルディはここパリ・オペラ座でグランド・オペラとそのオーケストレーションをより一層勉強した。パリ・オペラ座、そしてパリをこよなく愛した人物である。

一方、ワーグナーは、

1861年03月「タンホイザー」パリ・オペラ座公演、オペラ座の予約会員で貴族主義的なジョッキークラブの人々がワーグナーを敵視し、公演中に騒動を起こし中止になったことは周知の通りである。此の事にマイアベーアが関与したか、いささか疑問である。なぜなら当時のオペラ座の総監督以下オペラ座で働いている人たちからも総スカンを喰らっていた。結果ジョッキークラブの人々と劇場側との連合に屈したのである。第二幕でバレエを挿入する、しない、での問題もあるが原因は自己中心的な人間性の問題である。

そして結びとして

ワーグナーとヴェルディは一度も出会ったことが無い。お互い逢う気がなかったのだろう。とワーグナー研究家の著書には書いてある。その通りである。

そしてワーグナーが死んだ時ヴェルディはコメントを出している。

「評伝ヴェルディⅡ部」ジュゼッペ・タロッツィ著　小畑恒夫訳　草思社にはこのように書いてある。

「悲しい、悲しい、悲しいことです。ワーグナーが死んでしまうとは！　昨日そのニュースを読んで、なんと言えばいいのか、心底から慄え上がりました！　間違えなく、一人の偉大な人物が逝ったのです！　その名は芸術史上に深く刻みつけられるでしょう！

儀礼的な手紙を書くと、彼はぎこちなく月並みになる、自分を隠す、羞恥心から自分の心、自分の激しい思いはこれっぽっちも見せようとしない。だから手紙に〝……〟〝！〟〝！！〟〝?〟〝！?〟記号だらけにする。と。

16年間頭から離れることが無く、こびりついていた男が死んだのだ！

彼が自己をはっきりと主張するのはほんのわずかな場合にすぎない。金銭的な利害関係のみであるが、このときだけは自己をはっきり主張、ホットしたのでは無いだろうか？そしてワーグナーの死後、彼は１８８７年2月「オテッロ」初演ミラノ・スカラ座、１８９３年2月「ファルスタッフ」ミラノ・スカラ座この名曲2曲を作曲している。いずれも原作はシェークスピアであり、台本はアリゴ・ボイドであった。

「ファルスタッフ」最後の台詞……ファルスタッフと全員で「……そして、お互い嘲り笑い合う。でも、最後に笑うものこそ、本当に笑っているんだ。」と。さて、この台詞は原作にはない。これはヴェルディがオペラ「ファルスタッフ」の最後に引っ付けたもので、ヴェルディが言っているのである。どのような意味があるのでしょうか？　私の解釈は1、ワーグナーも死んで俺一人の天下になったワイ……ワッハハハ。最後に笑うのは俺だ！

2、俺をエピゴーネンと今まで蔑ましていた連中たちよ、見たか、この喜劇を！　ワッハハハ……と解釈します。

そしてまた、ワーグナーは、畢生の大作「パルシファル」の幕切れの台詞。高所から「救いをもたらす者に救いを」と言いますが、多義性のある台詞です。

このナゾかけの意味は、人それぞれで、解釈もいろいろあるが、私の解釈は、救世主イエス・キリストをもパルシファル＝ブッダが救済すると解釈します。そして「どうだ！俺が一番だろう！」とワーグナーが言っているのです。

アンジェロ・マリアーニ（Angelo Mariani　1821・09〜1873・06）指揮者、イタリア、ラベンナに生まれる。

当地の音楽院の師ロヴェルティに師事、ヴァイオリン、作曲の勉学に励む。

1843年マチェラータで指揮者として正式デビュー、彼の音楽創りはロッシーニの興味を引き、二人は友人になる。'44〜'45年メッシーナで指揮者としてオペラのオーケストラの発展に努めた。'46年ミラノ・レージョ・ドゥカーレ劇場での「二人のフォスカリ」の指揮がヴェルディに強い印象を与え、「マクベス」初演の指揮を依頼。その後「イ・ロンバルディ」「ナブッコ」の上演で聴衆が興奮し、彼は騒乱罪で逮捕されそうになる。'47〜'48年コペンハーゲン宮廷指揮者になる。'48年イタリアに戻るが折からのリゾルジメント運動に巻き込まれ、辛くもコンスタンティノープルへ脱出'48〜'51年。１８５２年ジェノヴァ・カルロ・フェリーチェ劇場を活動拠点とし、このカルロ・フェリーチェ劇場のオーケストラをイタリアＮＯ１にした。'57年リミニで「アロルド」初演、指揮者として貢献、大成功する、ヴェルディ大喜び。ヴェルディと急接近。'60年ボローニャにて「仮面舞踏会」指揮、その後ヴェルディ作品の連続演奏会をボローニャでし、音楽監督に就任、'67年10月「ドン・カルロ」を指揮、エリザベッタ＝テレーサ・シュトルツを起用、大成功を収める。（イタリア初演）その後ヴェルディ、妻ジュゼッピーナ、マリアーニ、テレーサ・シュトルツ（ソプラノ歌手でマリアーニの彼女）４人で大成功裡の慰労をかね、パリへ。

67年終わり、ヴェルディ夫妻ジェノヴァのサウリ邸へ。マリアーニ、シュトルツ同行。ヴェルディ、シュトルツに興味引かれる。

68年3月25日ミラノ・スカラ座で「ドン・カルロ」、指揮マリアーニ。エリザベッタ＝シュトルツが歌い大成功に終わるがヴェルディは立ち会わなかった。

69年2月ミラノ・スカラ座で「運命の力」改訂版、指揮はヴェルディ。レオノーラはシュトルツで大成功する。ヴェルディとシュトルツ深い仲に。マリアーニとヴェルディ不仲になる。

こうした状況を待っていたかのようにジョヴァンニーナ・ルッカはマリアーニにボローニャ・テアトロ・コムナーレでワーグナー作品を公演しないかと持ちかける。

1871年11月ボローニャ・テアトロ・コムナーレにて「ローエングリーン」（イタリア語版）を指揮。イタリア国内で初めての公演であった。

'71年12月カイロ・オペラ座で「アイーダ」初演。最初マリアーニ指揮で予定されていたがヴェルディとの不仲が最高潮になり断る。'72シーズンには「タンホイザー」公演をするが、病気のため指揮はフランコ・ファッチョに委ねる。1873年ジェノヴァで死去。

（凡そG・ヴェルディに関係する部分のみ記した。）

アリゴ・ボイド（Arrigo Boito 1842～1918）イタリア・パドヴァに生まれる。作曲家、詩人、哲学者、政治家でありイタリア最高のダンテ通、シェークスピア通で19世紀イタリアでの優れた知識人の一人である。

母親はポーランドの貴族で、兄カミロ・ボイドは建築家で、後に〈ヴェルディ憩いの家〉（1899・12、ヴェルディは自費で、老いて忘れられた音楽家のための救済の施設をミラノに作った）を建設する。

ボイドは母の希望もあり音楽の勉強に励みミラノ音楽院に入学、そこでフランコ・ファッチョ（Franco Faccio 1840〜1891）と出会う。ファッチョは後にミラノ・スカラ座での「アイーダ」「オテッロ」初演指揮者となる人物である。

アリゴ・ボイドとヴェルディとの出会いは1862年パリである。

またベルリオーズ、ロッシーニ、ユゴーとも会っている。この頃にボイドはゲーテの「ファウスト」のオペラ化を計画する。パリから母の国ポーランドへ、そしてドイツ、ベルギー、イギリスへ遊学、特に音楽の見聞を広げる。

帰国後ドイツでのワーグナー音楽の体験による作曲技法、理論に心酔。故国イタリアの音楽の現状（悪しき因習、堕落）に対して激しい不満を抱き、ヴェルディをはじめとするイタリア音楽、作曲家を非難する。1866年イタリアの完全独立を目指し、ガリバルディ率いる義勇軍にF・ファッチョと共に参加、この間一切の仕事を中断しているが10月ウイーン講和条約が成立、除隊し音楽活動を再開専念する。１８６８年「メフィストーフェレ」作曲完成。１８６８年５月５日ボイト23歳にしてミラノ・スカラ座にて初演、自身が指揮をした。

初演の評価は観客がイタリア音楽の是非になり、ボイドへの支持派と不支持派に分かれた為、場内喧々諤々演奏どころではなかったらしい。

この「メフィストーフィレ」のレコードは１９７２年ロンドン盤でセラフィン指揮、シエピ、モナコ、テバルディの競演による豪華盤がでている。これを聴くとワーグナーより全くのベートーヴェン的重厚さであり、イタリア・オペラではない。

ボイドは生涯三作品を作曲したが一つは自分で破棄し、現存するのは「メフィストーフェレ」「ネローネ」の二作であるが、ボイドは「オテッロ」「ファルスタッフ」についても作曲の構想を持っていた。しかし「メフィストーフェレ」を作曲した時、すでに自分に作曲の能力があるのか？　非常に自己懐疑に陥ったのである。「オテッロ」にいたってはリブレットは既に出来上がっていた。

ヴェルディとボイドの仲介役を買って出たのがファッチョとジュリオ・リコルディ（出版社社主１８４０〜１９１２）である。ボイトはワグネリアンであり、ヴェルディの音楽を以前から非難している。ヴェルディはボイドのことを才能ある若者と捉えていて、自分が若い時にロッシーニから受けた厚遇を、ボイドにもした。ヴェルディの「ドン・カルロ」「アイーダ」の大成功により、イタリア音楽の偉大なる伝統と遺産とに誇りを持つようになり、ヴェルディを偉大なるイタリア人と認める。そして自らのアイデンティティに目覚めた。

二人の天才によりイタリア・オペラ史上の大傑作「オテッロ」（初演1887／02ミラノ・スカラ座）が誕生するのである。また「ファルスタッフ」（初演1893／02ミラノ・スカラ座）の作曲を進言したのもボイドであり、シェークスピアの原作からリブレットをまとめ上げた。1918年6月ミラノで死去。

（凡そG・ヴェルディに関係する部分のみ記した）

リコルディ出版社

リコルディ出版社はイタリア・ミラノ、ヴィットリオ・エマヌエーレ2世のガッレリア（Galleria Vittorio Emanuele II）にある楽譜出版社。

創業者はジョヴァンニ・リコルディ（1785〜1853）死後、息子ティート（181

1～1888）に引き継がれ、ティートの息子ジューリオ（1840～1912）へ、そしてジューリオの息子ティート2世（1865～1933）へ、脈々と引き継がれていった。19世紀から20世紀初頭のイタリア・オペラ隆盛期にあって、ベルリーニ、ドニゼッティ、ヴェルディ、プッチーニたちが作曲した殆どの楽譜を出版した。中でもジューリオはヴェルディ、プッチーニと深い繋がりを作った。プッチーニへは作曲中の生活環境、友人との付き合い方の情報、作品完成後の劇場、歌手、指揮者の選択を、同等の立場でアドヴァイスをした。ジューリオ、ティート2世の親子は、音楽のみならず広範囲の知識を有していた。

ジューリオは1887年にジョヴァンニーナ・ルッカ社からイタリア国内でのワーグナーの版権を引継ぎ、早速1889年夏バイロイト祝祭劇場へプッチーニを派遣、プッチーニは「マイスタージンガー」を観覧している。そしてジューリオへ演出について報告している。当時イタリアのみならず、ヨーロッパ各国はワーグナー作品が余りにも長時間を有するオペラなので、カットして適当な時間に短縮し公演することが流行していた。ジューリオもプッチーニに技術的に出来ないか、その下検分であった。その後この話は立ち消えになった。

参考文献

「ワーグナー著作集5宗教と芸術」三光長治監修　第三文明社
「ワーグナー著作集3オペラとドラマ」三光長治監修　第三文明社
「ワーグナー著作集1ドイツのオペラ」三光長治監修　第三文明社
「友人たちへの伝言」高辻知義　藤野一夫　杉谷恭一訳　三光長治監訳　法政大学出版局
「コジマの日記ⅠⅡⅢ」三光長治、池上純一、池上弘子訳　東海大学出版部
「リーヒャルト・ヴーグナー」H・S・チェーンバレン著　石川錬次訳　二見書房
「ワーグナー家のたそがれ」G・ワーグナー著　岩淵達治　狩野智洋訳　平凡社
「炎の遺産」F・ワーグナー、P・クーパー著　北村充史訳　論創社

「ワーグナー」C・フォン・ヴェステルンハーゲン著　三光長治、高辻知義訳、白水社
「ワーグナーと現代」トーマス・マン著　小塚敏夫訳　みすず書房
「コージマ・ワーグナー」A・ソコロフ著　猿田悳、森住衛訳　音楽之友社
「バイロイト音楽祭100年」J・スケルトン著　山崎敏光訳　音楽之友社

「ヴァーグナー家の人々」清水多吉著　中公新書
「ヴァーグナー」高木卓著　音楽之友社
「リヒャルト・ワーグナーの芸術」渡辺護著　音楽の友社
「愛犬たちが見たリヒャルト・ワーグナー」ケルスティン・デッカー著　小山田豊訳　白水社
「意思と表象としての世界」ショーペンハウアー著　全3巻　西尾幹二訳　中央公論
「ショーペンハウアーの言葉」白取春彦編訳　宝島社
「ショーペンハウアーの散歩」長与善郎　河出書房
「インド神話物語マハーバーラタ上下」デーヴァダッタ・パトナーヤク著　村上彩訳　沖田瑞穂監訳　原書房
「ヴァーグナーとインドの精神世界」カール・スネソン著　吉水千鶴子訳　法政大学出版局
「日本の仏教」渡辺照宏著　岩波新書
「仏教」渡辺照宏著　岩波新書
「インド文明の曙」辻直四郎著　岩波新書
「東と西の思想」比較思想論集2　三枝充悳著　春秋社
「仏教と西洋の出会い」フレデリック・ルノアール著　今枝由郎、富樫瓔子訳
「佛陀」ヘルマン・オルデンブルグ著　三並　良訳　国書刊行会

「スッタニパータ」並川孝儀著　岩波書店
「鑑真」東野治之著　岩波新書
「聖徳太子」東野治之著　岩波ジュニア新書
「史料学探訪」東野治之著　岩波書店
「インド仏教史序説」梯信暁著　百華苑
「原人論を読む」小林圓照著　ノンブル社
「はた織りカビールの詩魂」小林圓照著　ノンブル社

「イエスはいかにして神となったか」フレデリック・ルノアール著　谷口きみ子訳　春秋社
「イエス・キリストは実在したのか？」レザー・アスラン著　白須英子訳　文芸春秋刊
「イエス伝」若松英輔著　中央公論新書
「苦難と心性」石坂尚武著　刀水書房
「地獄と煉獄のはざまで」石坂尚武著　知泉書館
「どうしてルターの宗教改革は起こったか」石坂尚武著　ナカニシヤ出版
「世界の神々が良くわかる本」造事務所著　東ゆみこ監修　ＰＨＰ文庫
「アカペーの愛、エロスの愛」ハビエル・ガラルダ著　講談社現代新書

「ロマン派からヒトラーへ」ピーター・ヴィーレック著　西城信訳　紀伊国屋書店
「ヒトラーとバイロイト音楽祭、ヴィニフレート・ワーグナーの生涯」ブリギッテ・ハーマン著
鶴見真理訳　吉田真監訳　上、下
全譯「吾が闘争」上、下巻　A・ヒトラー著　眞鍋良一譯　興風館
「ワーグナーのヒトラー」ヨアヒム・ケーラー著　橘正樹訳　三交社

「評伝ヴェルディⅠⅡ部」ジュゼッペ・タロッツィ著　小畑恒夫訳　草思社
「イタリア・オペラの黄金時代」ウイリアム・ウイーヴァー著　大平光雄訳　音楽の友社
「ヴェルディ」ハンス・キューナー著　岩下久美子訳　音楽の友社
「プッチーニ」モスコ・カーナ著　加納泰訳　音楽の友社

*

臨死体験について

臨死によりあの世（極楽浄土）へ往き、体験した内容については生命学とか、医学とか、神学、仏教学、あまねく宗教において解明できないものであります。大変珍しい体験をしたことについて、自分史の一部分として一文を書き留めて置くことにいたしました。

２０１０年12月17日

２００４年12月1日朝、意識朦朧、ＴＡＸＩで堀川病院へ。即入院。
主治医　森川修一先生。
病名　ウイルス性脳炎。
入院後臨死状態になり、意識不帰。

12月4日午後、3日ぶり意識回復。
12月6日から食事供与。
12月11日退院。
その後約一か月間自宅療養し、記憶が正常になる。先生有難うございました。

神秘体験

そこは無限の花園から始まる。コスモスのような花々。胸元ほどの背丈の花々が咲き乱れ、真ん中に一本の道がずっと一直線にどこまでも続いている。その中を楽しく花々に言葉をかけ歩いている。見渡す限り自分ひとりである。花々に歓迎され天国へ導かれた。これがあの世の始まりである。

そして、その花園が切れると、次に、眼前に現れたのは全く違った景色であった。早朝、そこは静かで神秘的な雰囲気、あくまでも音は聞こえないし誰もいない。白洲（白砂）が敷き詰められた長方形の広い庭。寺院でも無く、神社でも無く西側は回廊になっていて、その回廊は無限に伸びている。また回廊の柱、屋根の垂木は極彩色でなく、モノ・トーンで普通の木、質素であるが真新しく清楚である。植物は木一本も無い。そんな空間に東から無礙光が白い強い光で射し込んで自分と一体になる。このような神聖な幸福感に満ち溢れた雰囲気の中に、ひとりわたしが立っている。これが極楽浄土と言うものだろうか！

臨死体験で思うこと

この体験からして死後の世界はあると思う。死は天国、極楽浄土への旅立ちである。はたして、地獄はあるのだろうか？　わたしは、地獄は無いと思う。

また、死後の世界はあるにしても、この世の営みのような再現ではなく、個々人の世界である。永年の人生に対する自分だけのストーリーであり、たとえ親、兄弟、姉妹であっても、他の死者との交流は無いのではないだろうか？

わたしは無かった。

つまり、世の東西を問わず宗教家が唱えるように〝魂は肉体が滅びても生き続ける〟という「唯心論」的な解釈はわたしの体験からは当てはまらない。

またオペラチックな台詞とか、歌舞伎の道行等で〝この世では一緒になれないけれども、あの世で一緒に……〟と言う恋人同士の言葉も方便にすぎない。

「魂は永遠に生き長らえる……」とは慰め、幻想にすぎない、と思う。畢竟、人間は過去、未来に捉われず今、今現在を完全に生きよ、とお釈迦様は言っています。そうした中で荘厳な死を迎えた時、涅槃という完璧な宗教的世界を表出するのです。

さて、イエスは死後三日目に復活したという。福音書家の言説によれば、「墓は掘り返されて神々しいイエスが立っていた。」マグダラのマリアを筆頭にその姿を確認。イエスは「わたしの手や足を見なさい、まさしく私だ、触ってよく見なさい」と言って使徒たちと食事を共にし、焼き魚一切れを食べたとある。

この復活も臨死体験である。わたしも三日後に復活した。

しかし私と違うところは、イエスは処刑されて死んだ。

ローマ人たちにとってイエスはトラブルメーカーであった。そしてピラトとの問答があり、慣例により祭りの恩赦を誰が受けるか？　民衆はバラバを支持、イエスに処刑の判決が言い渡される。「ナザレのイエス、ユダヤ人の王」〈INRI〉と書かれた掲示板を身に着け、政治犯として十字架を背負い処刑場のゴルゴダの丘へと行進し磔刑され、死後即、埋葬された。

果たして臨死体験者に、致命的障害（処刑、殺害、現代の交通事故死等々）での復活事例はあるのだろうか？

近江の名刹石山寺にて「結縁灌頂《けちえんかんじょう》」を受けました。

わたしは近江の名刹石山寺で、２００８年5月27日「結縁灌頂《けちえんかんじょう》」を受け、東方を守る阿閦《あしゅく》如来《にょらい》様と吉縁を結んだ。

「灌頂」とは頭（頂上）に水を注ぐという意味である。丁度キリスト教で「洗礼」を受けるパフォーマンスと同じであるが、キリスト教はこの灌頂を取り入れたことは周知のとおりである。

もともと古代インドの即位儀式に由来するもので四方の海の水を頭からかけることによって四方の支配権を得たことを象徴的に示したものである。

仏教は初期からこの儀礼の影響を受けており、釈迦の誕生直後、四方の竜王が香油をそそいだという伝説も、この儀礼に由来する。

灌頂の種類は大きく分けると三種類に分類できる。結縁灌頂、受明灌頂、伝法灌頂である。

1、結縁灌頂

「大日経」という真言密教の根幹の経典に、「所説の五種の三昧耶の中には第二の三昧耶の分際、秘密大悲二壇の中に大悲壇の灌頂成り」と説かれている。灌頂の多くは出家者を対称にしているが、結縁灌頂は出家、在家また老若男女を問わず誰でも受けることができる。

結縁灌頂の起源は唐の時代に恵果和上の師、不空三蔵が大興善寺で、時の皇帝玄宗に。わが国では延暦24年（８０５年）９月伝教大師最澄が高雄山（京都神護寺）で受けている。（神護寺は私の家からそう遠くない）

まず覆面袈裟手拭で目を覆う。名状しがたい神秘的な暗闇の中で金剛界曼荼羅が描かれている前まで誘導される。そして目を覆ったまま曼荼羅の上へ散華する。

この曼荼羅は四体（東西南北）の如来によって大日如来が守られている。大日如来の智慧が四種類に展開して衆生の救済に向かうことを表している。

東
阿閦如来
北　不空成就如来　大日如来　宝生如来　南
阿弥陀如来
西

そして散華した花はこの五体の如来のどちらかに落ちる。落ちた場所の如来様とご縁を結び、その仏の真言を授けて頂く。

阿閦如来の真言は「オン　アキシュビヤ　ウム」である。この儀式を投華得佛の儀式と言う。

受者は誰もが持っている仏性を未来永劫に失わず、また迷いと罪を取り去り自身の平安と幸福、人々との調和をもたらすものとされている。

ちなみに空海は中国でこの儀式を受けた時、何回やっても、すべて大日如来の場所に花が落ちたという。

2、受明灌頂

密教僧になる決意をしたものに資格を与える灌頂。

3、伝法灌頂

密教の秘奥が授けられる。是を受けたものは師となる資格が与えられ阿闍梨と呼ばれる。

参考文献　「弘法大師が伝えた密教の実践と体験」（当日頂いた資料）
「密教」渋谷申博著、宮坂宥洪監修　日本文芸社

感謝、お蔭さまで

お蔭様で自分史を通して「リヒャルト・ワーグナーとブッダ（「リング」から「パルシファル」へ……憧れのブッダに学ぶ……」）を著すことができました。

この自著が、今後、ワーグナー研究の新しい一ページに加えられ、世界のワーグナー研究者に役立てられたら幸甚に存じます。

これを成し遂げた原動力は家族の愛に支えられたことと、自分の成長をここまで支えてくださった皆々様のお陰だと感謝致しております。

なかでも、わたしが社会に出て、右も左も判らない若輩の入社時に精神的、文化的に指針を与え頂きました会社の吹田安雄オーナー。深く感謝致しております。有難うございました。

ヨーロッパ文化の粋を集めた「世界の一流品」を各国から集められ日本に初めて紹介さ

れた人物です。パリ、ローマをこよなく愛し、パリ、ローマに支社を構え、フランス、イタリア、ドイツ、イギリス等の一流品（テーブル・ウエアー、紳士、婦人服飾及び雑貨、ワイン、食料品等）をヨーロッパ生活文化と共に日本にいち早く輸入、紹介され、それらを百貨店、専門店にて販売されました。

また、ヨーロッパの生活文化は、販売を兼ね専門家によるテーブル・マナー、使用方法等を全国各地で実演によって日本人に紹介、広められました。

特に関東地区、関西地区では直営レストラン、喫茶店を展開、ヨーロッパ生活文化の紹介に貢献され、優良企業として京都市より表彰を受けられ、また個人として２００１年11月「紺綬褒章」を受けられました。

わたしはこの「世界の一流品」の商品を通してヨーロッパの歴史、文化を研究、勉強をさせて頂きましたことがワーグナー、ヴェルディ研究の下地になっていることは言うまでもありません。総じて人生の目的は物質的、知的、そして心情的に成長することであると教えられました。

18、19世紀のヨーロッパの歴史、文化について理解しようとする時、基本は何か？　やはりヨーロッパの人々の生活文化の底辺に流れる普遍的宗教心であると思います。フランス啓蒙思想が知識層に台頭してきても「キリスト教」という宗教を理解せねばなりません。

キリスト教を日々実践礼拝するのでなく、学問として理解することが私には特に重要で、自分の成長を助成、加速してゆく上で、どうしても必須条件になりました。その為には本を読まなければなりません。

また、キリスト教を理解するための勉強と同時に、わたしは仏教、取り分け原始仏教＝御釈迦さんの教え、を退職後、勉強するため東大寺の仏教入門講座を始め仏教大学、花園大学の仏教入門講座へ足を運び聴講しました。

ワーグナーの畢生の作品「パルシファル」は皆様ご承知の通り、キリスト教とバラモン教、原始仏教等インド精神世界の教えが挿入されていて難解な楽劇ではありますが、これらキリスト教、バラモン教、仏教等の勉強により、スムーズに理解することができました。

わたしは一度「あの世」へゆきました。ワーグナーに逢いたかったのですが、「あの世」の社会は「この世＝現世」の再現ではありません。あの世の人たちは、みなさん一人ひとりで、誰にも逢いませんでした。寂しいものです。そんなことでわたしは「この世＝

現世」に帰ってきました。

そして２０１５年イタリア旅行、２０１８年バイロイト及びワーグナーゆかりのドイツ各地を遊学しました。中でもミュンヘンからシュタルンベルグ湖へワーグナーの足跡を訪ねて、車でご同行願い、案内していただいたバイロイト在住の也恵さん、ポールさん夫妻には厚く御礼申し上げます。有難うございました。

これらの海外旅行で多大な資金援助をしてくれた次女操（みさお）に父より礼を言います。有難う。

最後になりましたが令和元年２０１９年「傘寿」を「この世」で迎え、家族全員で祝いをして貰い感激致しました。これからの日々ボケないように両洋の精神世界を引き続き勉強いたします。皆様何卒ご指導の程よろしくお願いいたします。

２０１９／05／01

錦織昭彦拝

息子の結婚式

長男陽一郎は料理人を目指して東京渋谷区代官山のフランス料理店「小川軒」へ吹田安雄オーナーの紹介で修業に入った。あるとき常連客の青木家の長女青木夢美さんに見初められ、二人は将来自分たちの夢「レストラン」を持ちたい、意見が合い交際し始めた。そして二人はイタリア・ボローニャへ修業の旅に出た。

ここに決めた理由は、結婚式をイタリアの教会で挙げたいという二人の希望があったし彼女がイタリア語を喋れたからである。修業先は「Il Sole」というボローニャ近郊のレストランであった。話がとんとん拍子に進み、店のオーナーグイード・パウラート氏に教会を探してもらった。しかし二人はクリスチャンでないため、イタリア国内の教会での結婚式は難しいとの事であった。店のオーナーは二人のために自分の親密な友人、フィレンツェ近郊サン・ミニアートのアル・モンテ教会のトップの牧師に相談、なんとかＯＫを取り付けて下った。

教会で式が終わりホット一息（上）仲人グイード・パウラート氏と（下）

結婚式は1995年9月7日サン・ミニアートのアル・モンテ教会で挙式を執り行った。そしてその夜フィレンツェの5ツ星老舗ホテル「Villa Cora」にて祝賀パーティーを開いた。当方側の主賓はローマ在住のオーナーの長女千賀子女史にお願いし快諾頂いた。日本からわたしの友人藤岡文雄氏、広部勝三氏の夫人圭子さん等が参列下さった。新婚旅行はレンタカーで、シチリア島一周の旅との事、景色を見て〝わぁ綺麗〟〜とか食事をして〝わぁうまい！〟だけでは能がない。親として将来的に〈何か〉を掴んで呉れたら、と願った。

1939年（昭和14年）12月17日京都市東山区で生まれる
1958年（昭和33年）東山高等学校卒業
同年、吹田貿易株式会社入社。税務、財務担当役員を経て1999年定年退職
趣味　オペラ鑑賞　特にヴェルディ、ワーグナーに特化し研究をしている。
「NPO 京都ヴェルディ協会」理事、「イゾルデ友の会」主宰
バイロイト友の会（Gesellschaft Der Freunde Von Bayreuth e,v,）会員（1999年より）
ワイン　ブルゴーニュ産が好きだが最近価格が高くて……
Daily-Wine として600～1,000円ぐらいの白ワインを毎日
読書　仏教、キリスト教等、両洋の宗教を比較
ゴルフ　HC 6　信楽カントリークラブ、60歳を機に退会
野球　阪神タイガース・フアン
植物…特にばら栽培
山登り　京滋の山々

リヒャルト・ワーグナーとブッダ
二〇一九年十二月十七日発行
著　者　錦織昭彦
発行者　涸沢純平
発行所　株式会社編集工房ノア
〒五三一―〇〇七一
大阪市北区中津三―一七―五
電話〇六（六三七三）三六四一
ＦＡＸ〇六（六三七三）三六四二
振替〇〇九四〇―七―三〇六四五七
組版　株式会社四国写研
印刷製本　亜細亜印刷株式会社

ISBN978-4-89271-320-0